예수님과 걷는 길

비전, 꿈, 묵상과 회상

이영희 지음

아도라

≪예수님과 걷는 길, 비전, 꿈, 묵상과 회상≫
(Journey With Jesus, Visions, Dreams, Meditations and
Reflections)

지은이: 이영희 (Yong Hui V. McDonald)
그린이: 찰스 폭 (Charles Polk)
영어 초판 발행/ 2001. 7. 1.
　　6쇄 발행/ 2010. 7. 1.
스페인어 초판 발행/ 2009. 2. 1.
　　2쇄 발행/ 2011. 6. 1.
한국어 초판 발행/ 2013. 2. 1

© 2013 이영희 (Yong Hui V. McDonald
also known as Vescinda McDonald)

주 편집: 김성민
편집: 박슬기, 박선미, 박영득, 김해선 목사,
　　　전숙회
표지 번역: 이은주 목사, 박민철 전도사
표지 그린이: 박영득
표지 디자인: 르넷 맥크레인 (Lynette McClain)
발행처: 아도라 (Adora Productions)
ISBN: 978-1475102390

홈페이지: www.griefpathway.com
　　　　　www.maximumsaints.org
　　　　　www.veteranstwofish.org
이메일: griefpwv@gmail.com

GriefPathway Ventures LLC
P.O. Box 220
Brighton, CO 80601

(본문의 성경구절은 대한성서공회의 개역개정판을 따랐습니다.)

(아도라는 스페인어로 Adora 이고 영어로는 Adoration 으로서
하나님을 깊은 사랑과 존경으로서 경배한다는 뜻으로 사용이 되
었습니다. 아도라의 목적은 문서를 통하여 예수님의 사랑의 이야
기를 땅 끝까지 전하여 사람들의 영적인 성장과 치유를 추진하는
것입니다.)

이 책을 당신께 바칩니다

이글은 내가 가장 소중하게 생각하며 사랑하는 예수님을 위해서 바칩니다. 내가 삶에서 가장 어려웠을 때, 예수님은 나의 손을 붙잡고 고통의 길을 함께 걸어 주셨습니다. 나의 눈물을 씻어 주시고 상처를 치유해 주셨습니다. 이제 나는 나의 삶을 그리고 눈물의 이야기까지도 나를 위해 고통을 당하시고 죽으시기까지 사랑하신 주님을 위해서 드립니다. 예수님께서 이글을 통해서 영광 받으시기를 원합니다.

차례

바치는 글
감사의 글
서문

1부: 예수님과 걷는 길 _ 7

2부: 예수님과의 동행 _ 71

부록_ 114
초대
예수님을 영접하기 원하시는 분들을 위하여
저자 소개

감사의 글

한국에서 태어나고 자라서 신학공부를 한 나는 예수님에 대한 흔들리지 않는 믿음이 있다고 믿었다. 그러나 아이러니컬하게도 1979년에 미국에 와서 신학대학을 졸업하였고 목회자의 사모가 되어 삶을 사는 동안 오히려 믿음을 잃고 방황하다가 하나님의 은혜로 다시 예수님에 대한 사랑을 되찾은 사람이다.

1997년에 하나님께서 나에게 사역을 하라고 부르셨을 때 나는 너무 하기 싫어서 1년간 발버둥치고 반항하며 눈물을 흘렸다. 하지만 ≪예수님과 걷는 길≫을 쓰면서 주님의 그 놀라운 사랑을 느끼고 어려운 환경과 반대를 물리치면서 그 길을 기꺼이 가게 되었다.

이 책은 내 능력이 아닌 하나님께서 그 나라를 확장하시는 도구로 사용하시면서 미국에서 5만권도 넘게 발행된 것뿐만 아니라 감옥 선교와 집 없는 사람들에게 전도할 문을 열어 주셨다.

처음 이 책이 발행되기까지는 지인들의 도움이 컸다. 하루는 동생과 전화로 이야기 하는 중 그의 믿음

생활이 흔들리는 것을 듣고 ≪예수님과 걷는 길≫을 한국말로 번역하여 부쳐주었다.

동생은 ≪예수님과 걷는 길≫을 읽고 큰 도움을 받았다고 했다. 또 나의 어머니의 지인들도 이 책을 읽으시고는 선교 헌금을 주신 것이다.

그 헌금이 초석이 되어 이 책을 2001년 영어로 출판하게 되었고 또 후에 스페인어로도 출판이 되었다.

이 책을 한국말로 처음 출판하게 된 것은 주님의 은혜이다. 많은 분들의 도움이 있었다. 나에게 믿음을 심어주시고 항상 기도하시며 큰 격려를 해주시는 나의 어머니께 감사드린다. 아름다운 그림을 그려준 찰스 폭 (Charles Polk)과 박영득, 또 이 책이 나올 수 있도록 많이 수고하시고 도와주신 박성민, 박슬기, 박영득, 전숙회, 박선미, 김해선 목사님, 이은주 목사님과 박민철 전도사님에게 진심으로 감사를 드린다.

마지막으로 놀라운 은혜와 기적을 보여주시며 감옥 선교와 문서 선교의 문을 열어주신 하나님께 다시 깊은 감사를 드린다.

이영회

1부

예수님과 걷는 길

서문

≪예수님과 걷는 길≫은 1998년과 1999년에 기도하며 묵상 중에 얻은 말씀들을 기록한 것이다. 그 과정에서 예수님의 깊은 사랑을 느끼게 되었고 하나님께서는 신학대학원에 진학하여 공부할 수 있는 길도 열어주셨다.

나의 개인적인 경험을 적은 것이지만 시간이 지날수록 하나님께서 이것을 책으로 내어 많은 사람들이 읽을 수 있도록 하라는 마음을 주셨다.

지극히 사적인 이야기였고 많은 사람들과 공유하는 것이 내키지 않았기에 즉각적인 순종은 하지 못했다. 그런데도 하나님은 나에게 계속 책을 출판 할 것을 말씀하셨다. 그때 하나님께 왜 이 책을 출판해야 하는지 이유를 물었다.

"너 혼자 간직하라고 들려준 것이 아니다. 내가 너를 어떻게 구덩이에서 건져내었는지 많은 사람들에게 말해주어라."

"구덩이라뇨? 어떤 구덩이를 말씀하시는 거예요?"

그때 내 마음속에 뭔가를 보여주셨다. 깊은 우물이 있었고 한 방울의 물도 없이 바짝 말라 있었다. 그 밑바닥에 인형이 하나 놓여있었는데 예수님은 큰 두 손으로 그 인형을 꺼내서 손바닥 위에 놓으신 후 코로 호흡을 불어넣으니 그 인형은 생명이 있는 여자아이로 변했다.

"네가 그 인형같이 생명이 없었는데 내가 너에게 생명을 주었다."

그제서야 나는 예수님께서 나를 구덩이에서 건져내시고 나에게 생명을 주신 분이란 것을 이해하게 되었다. 나는 감사와 경배로 내 마음이 가득해지는 것을 느꼈다.

이 세상에 어느 누구도 예수님 같이 나를 돌보시며 사랑하시는 분이 없다는 것을 느끼며 다시 한 번 하나님께 감사를 드린다.

"네가 그 인형같이 생명이 없었는데 내가 너에게 생명을 주었다."

예수님과 걷는 길

1998년 어느 날 새벽 5시쯤 글래스고 교회에 도착한 나는 자리에 앉아 찬송을 부르기 시작했다. 말씀묵상과 기도하기 전에 찬송으로 시작하는 것은 나에게 매우 유익한 습관이었다. 마음을 열고 하나님께서 창조하신 가장 아름다운 악기인 목소리로 찬양을 하고 있노라면 가슴이 뜨거워지고 그 분의 임재하심을 느낄 수 있는 귀한 시간이기 때문이다.

"하나님 오늘은 어떤 말씀을 주실 건가요?"

"호세아를 펴보렴."

마음속에 울려 퍼지는 하나님의 말씀을 들으며 호세아를 펴서 읽은 후 나는 마가복음을 읽으면서 예수님께서 나의 삶을 어떻게 인도하셨는지 직접 느껴보고 싶다는 열망에 사로잡혔다. 매일 묵상을 하다 보니 예수님과의 친밀함이 가깝게 와 닿으면서 점점 더 알고 싶고 많은 시간을 함께 하고 싶어졌다. 마치 우리가 사랑에 빠지게 되면 느끼는 감정과 흡사했다. 좀 더 가까이 좀 더 오래 좀 더 많이 알기를 원했다.

말씀을 읽은 후 좋아하는 찬송가를 들으면서 나는 조용히 눈을 감았다. 내가 예수님과 함께 산 속을 걸어가는 상상을 하고 있는데 놀랍게도 내 눈앞에는 눈부시도록 흰 옷을 입으신 예수님 곁에서 7,8세 정도 되어 보이는 소녀가 춤을 추기도 하고 날아갈 듯 가벼운 발걸음으로 걸어가고 있는 모습이 펼쳐졌다. 깊은 산 속 평화롭고 고요한 그 곳에는 밝은 햇살이 내리쬐고 콧등 위를 살랑거리는 잔잔한 바람이 나뭇가지들을 흔들고 지나갔다.

소녀는 예수님을 찬양하는 노래를 부르며 그 얼굴이 맑게 빛났고 그 광경을 지켜보시는 예수님의 얼굴 또한 기쁨으로 가득 찬 미소를 짓고 계셨다. 멀리서 보기만 해도 마음이 벅차오르고 그 평안으로 흠뻑 빠져 들고 싶어지는 완전한 그림이었다. 나는 깨달았다. 예수님 곁에서 흰 옷을 입고 찬양하고 있는 소녀가 바로 나라는 것을.

그러나 그 완벽해 보이는 그림은 오래 가지 않았다. 아름다운 숲길은 거친 가시밭길로 이어졌고 가시에 찔린 소녀의 흰 옷은 더러워지고 피로 얼룩져갔다.

날은 점점 어두워지고 추위와 배고픔에 고통스러워하는 소녀의 귓가에 늑대의 울음소리가 들리자 두려움으로 그 걸음걸이가 느려지면서도 예수님의 손을 잡지 않는 게 이상하게 보였다. 마침내 절망에 빠진 소녀는 그 자리에 쓰러져 정신을 잃고 말았다.

"소녀와 엄마사이는 큰 유리로 가로 막혀 있었다."

자신의 엄마가 크고 사나운 늑대에게 공격을 받아 상처받고 쓰러지는 모습이 보였다. 아무리 비명을 지르고 발버둥 쳐도 엄마와 소녀의 사이에는 크고 두꺼운 유리가 가로막혀 들리지 않고 아무런 도움을 줄 수가 없었다. 지나가는 사람들이 간혹 보였지만 아무도 도와주지 않았고 다들 무심코 지나가는 상황에서 소녀가 할 수 있는 것은 힘껏 두드리고 소리를 지르는 일뿐이었다. 위험하고 끔찍한 상황에서 그녀가 미처 생각하지 못한 것이 기억났다.

"예수님, 도와주세요!" 있는 힘껏 부르짖었다.

그때 소녀를 흔들어 깨우는 손길이 느껴지며 눈을 떴다. 예수님이셨다. 이름을 부르시는 예수님의 음성을 듣자 마음이 따뜻해지며 안도감에 긴장이 풀린 소녀는 그 손에 이끌리어 부드러운 달빛이 흐르는 숲으로 걸어갔다.

걷다가 지친 소녀를 예수님께서는 가슴에 안고 맑은 물이 흐르는 시냇가로 가셔서 더러워진 발을 씻겨주셨다. 천천히 부드러운 손길로 지치고 부르튼 발을 시원한 시냇물로 씻겨주시는 동안 소녀의 눈에서는 눈물이 흘러내렸다. 어디에서도 누구에게도 받아보지 못한 관심과 사랑을 느끼며 두려움과 외로움이 흔적도 없이 녹아내리는 게 느껴졌다.

사랑이 가득한 눈빛으로 바라보시던 예수님은 소녀의 눈물을 닦아주셨다. 예수님도 눈물을 흘리셨고 그 눈물방울이 소녀의 옷에 떨어졌을 때 얼룩지고 더러웠던 그 옷이 다시 새하얗게 변했으며 가시밭길을 헤매일 때 찢어지고 다쳤던 모든 곳에 예수님의 손길이 닿을 때마다 흐르던 피는 멈추고 상처에는 새 살이 돋아서 흔적조차 없어졌다.

모든 상처를 낫게 하시고 눈물을 닦아주시는 예수님의 사랑과 능력을 직접 눈으로 본 소녀는 흔들릴 수 없는 믿음을 갖게 되었다. 주린 배를 채워주시고 목마름을 해결해주시는 예수님 곁에서 소녀는 근심걱정을 내려놓고 다시 마음의 평화를 찾았다. 예수님은 소녀의 손을 잡으시며 말씀하셨다.

"항상 나의 손을 잡아라. 사랑하는 내 딸아, 나는 너와 같이 걷기를 원한다."

"예수님, 밤이 되면 너무 무서워요. 아버지가 술을 드시고 엄마를 괴롭힐 때 제가 할 수 있는 게 아무것도 없어요. 아버지가 술을 끊을 수 만 있다면 엄마도, 저도 이 끔찍한 상황에서 벗어날 수 있을 것 같은데 그렇게 해주실 순 없나요?"

"너의 아버지는 내 말에 귀 기울이지 않는구나. 안타깝지만 본인이 선택한 길이란다."

"예수님, 저는 제게 왜 이런 일들이 벌어지는지 잘 모르겠어요. 가시밭길의 연속이에요… 제가 길을 잘못 들어 선 건가요?"

"그렇지 않아. 모든 사람들에게는 각자 통과해야하

"걷다가 지친 소녀를 예수님께서는 가슴에 안고 시냇가로 인도하셨다."

는 가시밭길들이 존재한단다. 그 중에는 오랫동안 그 길을 가야하는 사람들도 있지."

"왜 사람들이 그런 고통의 길을 걸어야 하나요?"

"타락한 세상이기 때문이다. 앞으로 살아가면서 많은 어려움과 고통의 골짜기를 지나게 될 거야. 가시밭과 독사가 우글거리는 그 길을 나 역시도 걸어보았기에 네가 겪는 그 아픔이 어떤 건지 잘 알고 있단다. 그러나 사람들이 그 길을 걸어야만 얻을 수 있는 유익도 있음을 기억해라. 그 고통을 통해서만 다른 사람들의 고통을 이해 할 수 있게 되고 어떻게 다른 사람들을 도울 수 있다는 것을 배우게 된다."

"아...예수님도 똑같은 고통을 당해보셨군요."

예수님의 손바닥에 난 큰 구멍을 가만히 만져보며 물었다. 그 못자국은 상상했던 것 보다 더 크고 참혹했다.

"사랑하는 딸아, 내가 너와 다른 사람들이 다음 세상에서는 고통 없는 삶을 살게 하기 위해 기꺼이 고통을 감수하고 죽음을 받아들였다. 한 가지만 기억해라. 어떤 상황에서도 나와 잡은 손을 놓지 말고 항상 같이 걸으렴. 내 손을 잡고 걸어가면 반드시 천국에 갈 수 있다."

소녀는 예수님의 손을 잡고 다시 걷기 시작했다. 낮에는 가시밭길이지만 예수님과 함께 걸었고 밤이면 늑대에게 공격당하는 엄마의 꿈을 꾸며 두려움에 사로잡혀 울었다. 상반되는 밤낮이 반복되면서 소녀는 자신이 두 사람의 삶을 살아가고 있는 것처럼 느껴졌다. 밤의 삶이 사라지면 좋겠다는 생각을 하면서도 계속 걸어 나갔다.

하루는 길을 가다가 여자아이들이 손에 꽃을 들고 춤추는 것을 보았다.

"예수님, 저기 좀 보세요. 저 아이들은 모두 꽃을 가지고 있어요. 저런 꽃은 어디서 구할 수 있죠?"

"저 꽃은 부모님에게 받는 거란다."

"저도 꽃이 갖고 싶어요. 예수님! 저만 꽃이 없어서 놀림 받고 외톨이가 된 기분이에요. 꽃이 없으면 아무도 끼워주지 않는다구요."

"걱정마라. 나의 꽃밭에 도착하면 지금까지 받지 못했던 그 꽃을 내가 너에게 줄 거란다."

"정말요? 예수님께서 주실 수 있나요?"

"물론이지. 그러나 네가 기억할 것은 이 세상의 꽃은 곧 시들고 마르지만 내가 주는 꽃은 영원한 아름다움을 가졌다는 것이다. 그러니 믿고 기다려라."

예수님의 놀라운 약속을 들은 소녀는 기쁨에 가득 차서 힘껏 달리기도하고 걷기도 하며 길을 재촉했다. 계속 이어진 그 길 위에는 꽃을 든 아이들이 지나갔고 처음에는 담담하게 지나치던 소녀의 마음이 시간이 갈수록 흔들리기 시작했다. 소녀를 향해 손짓하며 부르는 달콤한 음성을 듣자 더 이상 가던 길을 계속 해서 갈 마음이 생기지 않았다. 꽃을 든 아이들의 곁으로 달려 나가는 순간 자신이 예수님의 손을 놓았다는 것도 까맣게 잊었다.

"자 오른발은 이렇게 하고 빙글빙글 돌아봐. 너 정말 춤을 잘 추는구나."

춤추는 법을 배우고 아이들의 칭찬에 소녀는 금새 빠져들어 갔다. 마치 예전부터 잘 알고 지내던 친구들처럼 느껴지자 소녀는 이 아이들은 분명히 예수님을 알거라는 생각이 들었다.

"얘들아 너희도 예수님을 알지?"

"누구? 그게 누군데?"

예상과는 달리 아무도 예수님을 아는 아이들은 없었다. 소녀는 의아하게 생각했지만 그런 대화로 인해 함께 노는 분위기가 깨지는 것이 두려워서 더 이상의 질문은 하지 않기로 했다.

"야, 넌 왜 빈손이야? 꽃이 없으니 우리 틈에 낄 수 없어." 갑자기 한 아이의 비난이 시작되자 나머지 아이들도 웅성거리며 손가락질을 하기 시작했다. 얼굴이 빨개진 소녀는 도망치듯 그 자리를 황급히 빠져나와서 울음을 터트렸다.

기다리면 꽃을 주신다던 예수님의 약속을 마냥 기다릴 수 없었기에 직접 찾아 나서기로 했다. 한참을 헤매다가 결국 아름다운 꽃 한 송이를 발견한 소녀는 꺾으려고 손을 내미는 순간 뱀에게 물리고 말았다. 깜

1부/예수님과 걷는 길 / 19

"야, 넌 왜 빈손이야? 꽃이 없으니 우리 틈에 낄 수 없어."

짝 놀라서 가시밭길을 향해 정신없이 달려가기 시작했다. 손과 발 그리고 온 몸의 근육이 뻣뻣해지는 것을 느끼면서도 달릴 수밖에 없었다. 모든 것이 잘못되어가고 있었다.

설상가상으로 소녀의 동생이 그 가시밭길에서 늑대의 공격으로 혼자 외롭게 죽어가는 모습을 보게 되었다. 그 엄청난 충격을 견디지 못한 소녀는 울부짖으며 동생의 비참한 죽음에 몸부림치느라 자신의 몸에 독이 퍼지고 있다는 사실을 잊고 있었다. 결국 정신을 잃고 쓰러진 그녀는 누군가 자기의 목을 조르는 느낌에 숨을 쉴 수가 없었지만 도저히 혼자 깨어날 수가 없었다.

"예수님, 도와주세요!"

다급하게 소리치는 순간 경직되던 온 몸이 풀리고 눈을 떠보니 예수님의 품안에 안겨있었다.

"사랑하는 딸아, 내가 너에게 꽃을 준다고 약속하지 않았니?"

"죄송해요. 하지만..."

예수님은 소녀의 이마를 쓰다듬으시면서 말씀하셨다. "언제 어디서나 늘 깨어서 조심하고 내 손을 잡아라. 내가 반드시 너를 도와 줄 것이다."

그제서야 안정을 되찾은 소녀는 예수님과 함께 잔디밭에 앉아서 호수위에 비친 아름다운 산을 바라보았다.

1부/예수님과 걷는 길 / 21

"너는 이제 영의 세계에 대해 배워야 한다."

"예수님, 어딜 가나 뱀들이 우글거리고 저를 공격해요."

"그 뱀들은 악한 영이다. 사단은 너 뿐만 아니라 세상 사람들을 공격하고 상처를 입게 만들지."

"악한 영이요?"

"눈으로 볼 수 있는 것이 전부가 아니란다. 너는 이제 영의 세계에 대해 배워야 한다. 뱀에게 물리거나 목이 조이는 듯한 느낌이 들 때는 정말로 악한 영이 너를 공격하는 것이지. 딸아, 이 세상의 삶을 살아가는 동안은 끊임없이 사단과 싸워야하고 오직 나의 이름을 의지 할 때 승리할 수 있단다. 항상 나와 함께 걷는다면 싸워 이기는 법을 배울 수 있어."

"정말요? 그렇다면 반드시 예수님과 함께 걸을래요. 다시는 사단에게 공격받고 싶지 않아요."

예수님께서는 사랑이 넘치는 눈빛으로 소녀를 바라보시며 말씀을 이어가셨다. "기억해라. 그 모든 것은 나를 통해서만 가능한 일임을..."

"이 세상에서 오직 예수님만이 저를 도우실 수 있다는 걸 깨달았어요. 오랫동안 저는 쓸모없는 존재라고 생각했거든요. 그저 외롭고 고통스러울 뿐 아무런 희망이 없었는데 예수님을 만나고 소망을 가지게 되었어요."

예수님의 손을 더욱 꼭 잡던 소녀는 흠칫 놀라며 걸음을 멈추었다.

"이 상처가 원래 이렇게 컸나요? 오늘따라 더 크고 처참하게 느껴져요. 왜 저희를 위해서 이런 엄청난 고통을 당하신건지 알고 싶어요."

예수님은 손의 못자국을 들여다보신 후 소녀를 보고 말씀하셨다.

"이 못자국은 너를 위하여 내가 십자가에 못 박혀 고통을 당하고 너를 위하여 내가 죽었다는 것을 증거하는 것이다. 네가 죄 사함을 받고 구원을 얻어 나와 함께 내 아버지 집에서 영생의 삶을 살아갈 수 있다는 의미다."

예수님의 말씀을 들으며 소녀는 처음으로 자신의 영적인 상태를 돌아보게 되었다. 그 누구도 다가오고 싶지 않을 정도로 더러운 누더기를 입고 서 있었다.

"예수님, 저의 죄를 용서해주세요."

"걱정하지 마라. 이젠 내가 부활하여 너와 동행하고 있지 않니."

예수님의 손에서 몇 방울의 피가 소녀의 얼룩진 옷에 떨어지는 순간 다시 눈처럼 흰 옷으로 변했다. 그 사랑을 알게 된 소녀의 마음은 기쁨으로 가득 차올랐다. 주홍 같은 죄와 더럽혀진 양심과 죄책감을 씻어주실 수 있는 유일한 분이 예수님이라는 확신이 서자 모든 삶의 문제가 해결된 것 같은 홀가분함이 마음의 평안을 가져왔다. 소녀의 입에서는 감사와 찬양이 저절로 흘러나오고 있었다.

"내가 너의 죄를 씻어주고 눈물을 닦아 주었다. 나의 피와 죽음으로서 씻어주었다."

예수님과 함께하는 시간이 길어질수록 자신의 죄를 위해서 피 흘리시고 구원하셨다는 것에 대한 믿음이 깊어만 갔다. 사막의 내리쬐는 태양도 더 이상 고통스럽지 않았고 조금 더 많이 예수님에 대해 알고 싶은 마음, 조금 더 오래 같이 있고 싶은 마음들이 커져만 갔다. 마치 사랑에 빠진 사람처럼 그 시간이 영원히 멈춰버렸으면 좋겠다고 생각했다.

더위에 지칠 무렵이면 그늘로 인도하시고 배고픔과 갈증을 느낄 때면 신기하게도 아무 말 하지 않았음에도 예수님께서는 빵과 음료를 주셨다. 손짓, 눈빛 하나하나가 사랑으로 가득 차신 예수님 곁에 동행한다는 것은 소녀에게 있어서 더할 나위없는 기쁨이 되었다.

"보아라. 내가 너의 죄를 씻어주고 눈물을 닦아 주었다. 나의 피와 죽음으로서 씻어주었다. 나는 이제 영원히 살아서 너를 내 아버지의 집으로 안전히 갈 수 있도록 도와 줄 거야."

"감사해요. 근데 한 가지 맘에 걸리는 게 있어요."

"네 동생일 말이냐?"

"아 어떻게 아세요? 그 애는 꽃 한 송이도 없이 외롭게 길에서 고통 받다가 죽었어요. 저는 이제 도와줄 수도 없고 자꾸 그 애의 눈물이 생각나서 가슴이 아파요."

"그 애는 이미 천국에서 행복하게 잘 지내고 있단

다. 널 위해 기도하며 기다리고 있으니 걱정하지 마라."

"정말요?"

뜻밖의 말씀에 큰 위로를 받은 소녀는 가벼워진 발걸음으로 다시 길을 걷기 시작했다. 숲으로 난 길을 지나 어느 동네로 들어설 때 몇 명의 아이들이 모여 놀다가 소녀를 보고는 꽃 한 송이를 건네주었다.

누군가에 꽃을 받았다는 사실만으로도 흥분한 소녀는 그 가시가 자신의 손을 찌르고 피나게 한다는 것을 미처 깨닫지 못하고 있었다.

"내 사랑하는 딸아, 그 꽃을 버려라. 손에 흐르는 피가 보이지 않니?"

슬픈 예수님의 목소리를 들으며 그제서야 그 꽃의 가시가 찌르고 있음을 보게 된 소녀는 놀랐지만 즉시 버릴 수는 없었다.

"그렇지만 제가 처음 받은 꽃이에요. 가지고 갈래요."

"때가 되면 너에게 가시 없는 꽃을 줄 거야."

"언제요? 그 때가 언제인가요?" 소녀는 다급하게 물었다.

"나의 꽃밭에 도착할 때, 그 때에는 원하는 만큼의 꽃을 가질 수 있게 될 거야."

"그럼 그 꽃밭에 도착할 때까지만 들고 갈래요."

"그렇게 피가 나고 아픈데도 들고 가겠니?"

"이상해요. 꽉 쥔 것도 아닌데 왜 피가 나죠?"

"그건 네 맘속에서 뭔가를 내려놓지 못하고 계속 간직하며 용서하지 못할 때 그것이 너를 아프게 하고 네 삶을 더욱 고통스럽게 만들뿐이란다. 용서하고 잊어라."

소녀는 걸음을 멈추고 생각했다. 그동안 자신의 마음을 아프게 한 많은 사람들과 일들을 하나도 잊지 않고 가슴 한구석에 방을 만들어 차곡차곡 쌓아놓고 시간이 날 때마다 꺼내어 스스로에게 상처를 주고 있었던 사실을 기억해냈다.

"...그들을...용서하겠어요. 예수님께서 저를 용서하신 것처럼."

놀랍게도 그 말을 마치자마자 등에서 무거운 바위가 떨어져 나간 것 같은 홀가분함을 느낄 수가 있었다. 분노와 슬픔이 빠져나간 그 빈자리에는 평안과 감사로 채워지기 시작했다. 예수님과 다시 길을 걸으면서 소녀는 다시 물어 보았다.

"이 길은 참 멀고 험하고 끝이 없네요. 견딜 만 하다싶으면 또 다시 가시밭길이 나타나고 뱀이 나오고 해가 지면 늑대의 울음소리가 두려움에 떨게 해요."

"삶이란 그런 것이다. 내가 널 위해 목숨을 내놓았던 이유는 바로 다시는 그런 고통을 겪지 않게 하려함이었다. 앞으로도 너는 죽음의 골짜기들을 통과해야 하고 숨이 턱 끝까지 차는 그런 고통에 신음할 것이다.

그 길을 걸을 때 너는 과연 내가 존재하는지, 너의 눈물과 한숨을 듣고 있는지, 너의 부르짖음 따위엔 관심 없다고도 느낄 순간이 올 것이다."

"한 두 번이 아니었어요."

"그럼에도 불구하고 반드시 기억하고 믿어야 할 것은 내가 항상 너와 함께 하고 있다는 것이다. 네가 눈물과 슬픔으로 길을 걸어갈 때 내가 함께 한다는 것을 느끼지 못할 때가 있다. 그러나 네가 기억할 것은 네가 고통을 당할 때 내가 눈물을 흘리며 너의 고통을 느낀다는 것이다. 나의 손을 꼭 잡고 걸어라. 그리하면 네가 어떤 상황에 있든지 나의 은혜가 너에게 족하다는 것을 알게 되고 나는 너에게 평안을 줄 것이다."

소녀는 잡은 손에 힘을 주며 예수님의 얼굴을 물끄러미 쳐다보았다.

"고난은 제 삶에서 무슨 의미죠?"

"너의 고난은 내 아버지 집에 도착할 때 네 머리의 면류관에 달릴 보석들이란다. 네가 고통을 받은 만큼 그 보석들도 많아지지."

"얼른 아버지 집으로 갔으면 좋겠어요." 소녀는 말했다.

"그 곳에 도착하기 전에 네가 가야 할 길들이 많이 있다. 나에 대한 찬양이 그치지 않을 정도로 아름다운 길이 있을 것이며 불평과 원망 가득한 마음이 이어지는 험한 길도 나타나겠지만 나를 떠나지 마라. 그리하면 모든 어려운 환경들을 극복해 나갈 수 있을 것이다. 뿐만 아니라 길에서 만나는 고통 속에 있는 사람들을 도와줄 수 있단다."

"제가요? 다른 사람을 도울 수 있게 된다구요? 전 언제나 제가 이 세상에서 제일 불행한 인간이라고 생각했기 때문에 다른 사람들의 고통에 대해 생각해 본 적이 없어요."

"안타까운 일이다. 수많은 사람들이 도움을 필요로 하고 있단다. 누구든지 나를 믿는 자는 용서받고 구원받을 수 있다는 것을 알려줘야 한다. 다시는 고통 없는 삶을 살기 위해서는 오직 그 길 하나 뿐이란 걸 깨닫게 해줘야 한다. 나를 모르는 자들은 이 사막에서 갈증과 배고픔으로 고통 받다가 죽어간단다. 내가 너에게 충분한 빵과 물을 주어 그들을 먹이게 할 것이다. 저기를 보아라."

예수님의 손가락이 가리키는 끝에는 주린 사람들이 힘없이 사막의 길을 가며 죽어가는 모습이 보였다. 그중 많은 사람들은 뱀에게 물려 고통 받고 있었다.

"사랑하는 딸아, 너는 나의 이름으로 저들을 먹이고 사단에게 고통 받는 영혼들을 내 이름으로 기도할 때 도와줄 수 있게 될 것이다. 내가 너를 도울거야."

"하지만 전에는 제게 꽃을 주신다고 하셨잖아요?"

"이 일을 하게 된다면 물론 그 꽃을 받는 일이 늦어질 수도 있을 거야. 그러나 그렇게 된다면 나중에 받

"나를 모르는 자들은 이 사막에서 갈증과 배고픔으로 고통 받다가 죽어간단다."

는 네 꽃은 백배가 될 거다."

소녀는 잠시 생각에 잠겼다.

"예수님, 저는 하루라도 빨리 꽃을 받고 싶어요. 잘 아시잖아요. 꽃이 없다면 저는 가는 곳마다 놀림 받고 어울릴 수 없게 된다구요."

예수님은 더 이상 아무 말씀하지 않으시고 어디론가 발걸음을 옮기셨다. 도착해보니 그 어디서도 볼 수 없었던 아름다운 꽃들이 가득한 꽃밭이었다. 보는 것만으로도 감동하여 할 말을 잊은 소녀의 품에 한 다발의 꽃을 안겨주시고 아름다운 흰 꽃 화관을 머리에 씌워주셨다. 소녀는 공주가 된것 같았고 예수님의 사랑을 더욱 느꼈다. 예수님께서는 기꺼이 그 값을 지불하셨다.

이렇게 아름다운 꽃을 많이 가질 수 있게 되는 날이 올 줄 알았다면 소녀는 그동안 아이들의 놀림에 절망하고 상처받지 않았을 것이라고 생각했다. 소녀의 그 기도에 응답해 주실 것을 믿지 못했던 자신이 부끄러워졌다.

예수님과 동행하며 걷는 동안 필요한 모든 것을 가장 좋은 때에 알맞은 것으로 공급해주시는 그 사랑 속에서 그녀는 성장해나갔고 결혼 할 나이가 되었다. 그래도 언제나 예수님 앞에서는 옷자락 나풀거리며 꽃밭에서 뛰놀던 소녀 그대로였다.

시간이 흐르고 그녀는 결혼했다. 지금껏 만나 본

사람 중에 가장 그녀를 사랑하고 아껴주는 남자를 만나서 따뜻한 가정을 꾸리고 보니 세상을 보는 눈이 달라지고 있음을 느꼈다.

그녀의 남편은 예수님을 사랑하고 같이 동행하는 삶을 선택한 사람이었다. 예수님이 삶에서 가장 중요한 분이며 소중한 존재라는 것을 누구보다도 잘 알고 있다고 자부하는 그녀였지만 막상 남편이 그 일에 앞장서서 헌신하는 사람이 되자 이상하게도 마음이 점점 불편해짐을 느꼈다.

"애야, 남편을 도와주어라. 그는 세상과 선한 싸움을 하는 용사이니 기도로 응원하고 도와야한다."

예수님 말씀에 순종하기위해 노력했지만 자발적이지 않았고 기쁘지 않았다. '좋은 일이라는 건 알지만 내 남편이 꼭 그 일을 할 필요는 없지 않을까. 그가 다른 일을 한다면 얼마나 좋을까…'

그래도 그런 그녀에게 하나님께서는 두 아이들과 사랑이 넘치는 가정을 선물로 주셨다. 아이들을 사랑하는 남편을 보며 어릴 적 사랑받지 못했던 본인의 불행한 시절을 보상받고 그 상처가 치유되는 걸 느낀 그녀는 적어도 그것에 대해서는 항상 감사했다.

그러던 어느 날 가족들과 즐거운 피크닉을 마치고 돌아오던 길에 한적하고 아름다운 집들이 모여 있는 동네를 지나게 되었다. 잘 정돈되고 멋진 집들을 보는 순간 그녀는 탄성을 질렀다.

"와 멋지다. 내가 꿈꾸던 바로 그런 집이야!"

지금껏 살아오면서 한 번도 그런 집을 갖고 싶다는 생각을 가져본 적이 없었는데 그날은 그 집들이 온통 그녀의 마음을 사로잡아버렸다. 그럴수록 예수님과 동행하며 천국으로 향하는 그 길이 점점 지루하고 멀게 느껴졌다. 모두들 자기들의 집을 짓고 즐기며 살아가고 있는 모습을 보며 과연 자기가 선택한 길이 옳은 것인지, 중요한 뭔가를 잊고 살아가는 것은 아닌지 자꾸 의문을 가지게 되었다.

"여보, 우리도 이제 우리 집을 짓는 게 어때요? 모두들 그렇게 살고 있잖아요."

남편을 설득하기 시작했지만 그는 배고픈 이들을 돕는 것이 더 우선이라며 그녀의 제안을 거절했다. 언제나 영적인 일에 우선순위를 두고 집중하는 남편을 보면서 서운한 마음도 들고 지나치다는 느낌을 지울 수가 없었다.

지금까지 최선을 다해 가시밭길을 지나왔고 가정을 이루었으니 이제는 자신도 그 정도는 누릴 자격이 있다고 생각했다. 집을 지어야겠다는 생각이 들기 시작하자 그 열망은 걷잡을 수 없을 만큼 커져만 갔다. 남편의 도움 없이도 혼자 힘으로 해 낼 수 있다는 자신감이 생기자 예수님께 묻는 과정도 불필요하게 생각되었다.

예수님과 잡았던 그 손을 과감히 뿌리치고 건축업

자들과 만나기 시작했다. 어디에 숨어있었을까 싶을 정도로 그녀의 열정을 대단했다. 하루 24시간이 모자를 정도로 열심히 부지런히 업자들을 만나고 부지를 보러 다니고 집을 짓는 일에 집중했다. 피곤한 줄도 모르고 끼니를 잊은 적도 많았다. 예수님과 함께 하는 시간은 차차 잊혀져갔고 그 기억마저 희미해 질 무렵 땅위에는 그녀가 꿈꾸던 드림하우스들이 그 모습을 드러내기 시작했다. "아 멋지다. 믿어지지 않아. 정말 내가 이 일을 해냈다니..."

그 정도의 실력이라면 큰 이변이 없는 한 노후대책으로도 손색이 없어보였다. 처음에는 무모한 도전처럼 보였지만 성실하게 열정을 가지고 일을 추진하다 보니 당연한 결과처럼 여겨졌다.

꿈을 가지고 노력하면 세상에는 불가능한 것이 없다고 그녀는 만나는 사람들에게 말했다. 다들 그녀의 용기와 이제 곧 열매 맺을 그 업적에 대해 부러움과 찬사를 보냈다.

준공일을 앞 둔 어느 날 테라스에 앉아 차를 마시던 그녀는 무심코 하늘을 바라보았다. 참으로 오랜만에 느껴보는 여유였다.

코끝을 스치던 바람이 점점 거세지더니 저 멀리 먹구름이 몰려오는 것이 보였다. 테이블위의 신문이 휙 날라가 버리고 시야의 나뭇잎들이 정신없이 흔들리기 시작했다.

"바람이 제법 세게 부네. 일기예보에 무슨 말이 있었나?"

그것은 시작에 불과했다. 그렇게 시작된 바람은 엄청난 풍속의 태풍이 되어 마을을 강타했고 새로 지은 그녀의 집들을 휩쓸어버렸다. 결과는 처참했다. 지붕이 날라가고 구조물이 휘어버리고 아름답게 꾸며놓은 앞마당들을 쑥대밭으로 만들었다.

눈앞에 벌어진 놀라운 광경을 직접 눈으로 확인하면서도 믿을 수가 없었다. 그렇게 열심히 노력했는데 한순간에 태풍으로 그동안의 노고가 사라지는 것을 보고 몹시 실망했지만 이를 악물고 다시 맘을 단단히 먹기로 했다.

실의에 빠진 건축업자들을 다시 불러 모아 다독거리며 무너진 현장으로 달려갔다. 바람에 대해 취약했던 부분을 보완하고 문제점에 대해 논의를 한 후 충분히 검토 후에 집을 짓기 시작했다.

굳은 결심을 보이며 재기하는 모습에 주변의 지인들은 경제적으로 도움을 주었고 입주자들 역시 그녀에게 한 번 더 기회를 주기로 결정했다. 발 빠른 대처로 다시 사람들의 신임을 얻었고 밤낮 쉬지 않고 일을 한 결과 생각보다 앞당겨진 날짜에 완성 할 수 있게 되었다.

그런 날들이 계속되는 가운데 그녀는 가끔씩 가슴 한구석이 무거워지는 느낌을 지울 수가 없었다. 그런 생각이 들 때마다 피곤해서 그런 것이 아닐까, 이번 일만 마무리되면 좀 휴식을 취해야겠다고 다짐했다.

그동안 함께 보내는 시간이 줄어든 가족과도 좋은 곳으로 여행을 가리라 생각했다. 그런 생각을 하다 보니 마음속의 어둠이 사라지고 다시 희망이 샘솟는 듯했다. 역시나 피곤하고 지쳐서 생긴 스트레스였다고 스스로 위로하며 입주날짜를 손꼽아 기다렸다.

이제 어지간한 바람에는 끄떡도 하지 않을 자신이 있었다. 단지를 조성하는 나무들도 뿌리 깊게 심어졌고 비록 장식품이었지만 풍향계도 단지입구에서 돌아가고 있었다. 이만하면 모든 준비가 끝난 듯 보였다.

그러나 인생은 계획대로 흘러가지 않았고 생각지도 않았던 부분에서 문제가 발생했다. 며칠간 집중호우가 쏟아지더니 홍수가 나서 집들이 물에 잠긴 것이다. 한 번도 사용하지 않은 집기들과 자재들은 진 흙창에 잠겨서 못쓰게 되었고 미처 보험에 들지 못한 상태여서 어떤 보상도 받을 길이 없었다.

이번에는 도무지 앞이 보이지 않았다. 아무리 긍정적으로 생각하려해도 엄청난 금전적인 손실을 막을 방법이 없었고 장밋빛 미래를 꿈꾸던 상황에서 하루아침에 빚더미 위에 앉은 사람으로 전락하였다.

캄캄한 절망 속에서 나올 방법이 없었다. 찬사를 보내던 사람들은 욕심이 지나쳤다고 하고 입주 하지 못한 사람들은 날마다 연락하고 돈을 내놓으라며 아우성이었다. 지옥이 따로 없었다. 이대로는 맘대로 죽을 수도 없고 살아서도 죽은 것과 다름없는 절망의 상태였다.

마음의 평안은 잃은 지 오래였다. 어디서부터 무엇이 왜 어떻게 잘못된 것인지 궁금했다. 다른 사람들은 다들 자기 집짓고 잘만 살고 있는데 왜 자신에게만 그런 문제가 생기는지 알 수 없었다. 눈물 없이는 하루도 보낼 수 없었고 숨조차 쉬기 어려운 상황에서 그녀는 누군가를 떠올렸다.

바로 예수님이었다. 그 분과 함께 손을 잡고 걸을 때에는 아무 부족함이 없었고 마음이 평안과 감사로 가득했었음을 기억해냈다. 어느 날 집을 짓기로 결심하고 미래의 풍족한 삶에 초점을 맞추는 순간 예수님께로 향하던 삶의 중심이 옮겨졌고 멀어졌던 것이다.

"예...수님...!"

그녀는 차마 입이 떨어지지 않았지만 그 이름을 불러보았다.

"예수님! 어디 계세요?"

아무 소리도 들리지 않았다. 다급한 상황에서 부를 때마다 응답하시고 도와주시던 그 분이 침묵하고 계셨다.

"예수님, 저 좀 도와주세요. 제발."

자신이 처한 상황 못지않게 예수님의 침묵은 그녀를 두려움에 떨게 만들었다. 그동안 자신의 잘못보다

도 지금 당장 응답하시지 않는 예수님에 대한 서운함
이 더 컸다. 어쩌면 정말 살아계신 분이 아닐지도 모
른다는 생각마저 들었다. 예수님이 멀리 계신 것 같은
느낌이 들었다.

"예수님, 당신의 도움이 필요해요. 어디에 계세요?
살아 계시다면 대답해주세요. 제 목소리가 안 들리시
나요? 제 눈물은요?"

온 힘을 다해 부르짖었다. 지쳐 잠든 그녀는 울다
자다를 반복하다가 문득 떠올랐다. 지금가지 걸어 온
길을 기억해내고 예수님의 손을 놓았던 그 자리로 돌
아간다면 다시 만날 수 있지 않을까.

그녀는 길을 다시 찾아서 돌아가며 만나는 사람마
다 붙잡고 물어보았다.

"혹시 예수님 보셨어요?"

아무도 본 사람이 없다고 했다. 그렇게 한참을 걷
다가 낯익은 길을 발견하였다. 걸음을 재촉하여 걸어
간 그 길의 끝에 그 분이 서 계셨다.

예수님께서는 인자하고 익숙한 미소로 그녀를 맞
이하셨다.

"잘 다녀왔니?"

"용서해주세요...제가 예수님을..."

"기다렸다. 네가 돌아오기를."

"제가 어떻게 예수님을 떠났는지 이제 알 수 있겠
어요. 성경 읽는 것을 소홀히 했어요. 성경 말씀을 암

송한 것만 가지고 예수님을 배우려 했던 것이 저의 잘 못이었어요. 성경말씀을 항상 읽으며 묵상하고 예수님에 대해 배우는 것이 얼마나 중요하다는 것을 배웠어요. 예수님의 손을 놓은 후에는 눈에 보이는 것을 더 사랑하게 되었어요…"

뭔가 하고 싶은 말이 많아서 계속 변명과 넋두리를 늘어놓는 동안 예수님께서는 어디서 나셨는지 깨끗하고 향기로운 물로 그녀의 발을 씻겨 주기 시작하셨다.

부드러운 손길을 느끼며 그녀는 뜨거운 눈물과 함께 밀려오는 안도감에 온 몸의 긴장이 풀리는 듯 했다. 어느 새 발을 씻기신 후에 그녀의 눈물로 얼룩진 얼굴에 손을 대시자 눈물은 마르고 미소가 얼굴에 번졌다.

"내 사랑하는 딸아, 나는 너를 사랑한다!"

"네, 예수님, 저도 사랑해요."

"지금 우리가 걷고 있는 이 길은 그저 잠깐 거쳐 가는 곳이란 걸 잊지마라. 내 아버지 집으로 가는 길일 뿐이야. 그리고 그동안 해야 할 일들이 있단다."

"해야 할 일이요?"

"기억나니? 사막을 걸어가던 죽어가는 많은 사람들."

"아, 그 주리고 목마른 사람들이요? 아무 도움도 못 받던 사람들 기억나요."

"내가 그들의 죄를 위하여 십자가에 죽었으므로 나를 믿는 자마다 구원을 얻으며 그리하면 나의 아버지 집에서 영원히 살 수 있다는 것을 알려줘야 한단다."

"제 남편은 이미 그런 일을 하고 있어요. 그러니 저는 가족의 생계를 위해 뭔가를 해야 하지 않을까요? 아이들이 아직 어리잖아요."

"너는 먼저 그의 나라와 그의 의를 구하라 그리하면 이 모든 것을 너에게 더하시리라. 네가 나의 일을 우선순위에 두고 일한다면 너의 필요한 것을 어찌 내가 채워주지 않겠니?"

"그 일을 안 하겠다는 말이 아니구요. 조금만 기다려주시면 안될까요? 모든 일에는 다 때가 있는 거라서 시기를 놓치면 아예 다시는 기회가 안 올지도 몰라요. 얼른 해놓고 다시 와서 오래오래 시키시는 일을 할게요."

"그동안 네가 잊고 산 것이 참 많구나. 이 세상에서의 안락한 삶을 위해 시간을 다 쓴다면 천국에 네가 살 곳은 마련할 수 없단다. 그러나 네가 나의 일을 하며 많은 열매를 맺는 것은 바로 천국에 아름다운 집을 짓는 일이지. 무엇이 중요한지 잘 생각해보렴. 시간이 많지 않다."

그녀는 고개를 숙인 채 생각에 잠겼다.

"나를 위해 일하는 자들이 시험을 많이 받고 있다. 세상일에만 관심이 있고 눈에 보이지 않는 하늘나라의 일에는 눈과 귀를 닫고 미루기만 하는구나. 너처럼."

"이 길은 그저 잠깐 거쳐 가는 곳이란 걸 잊지마라. 그리고 그동안 해야 할 일들이 있단다."

부드러운 음성이었지만 그 말씀은 그녀의 마음에 날카로운 비수처럼 와서 박혔다. 돈 버는 재미를 알게 된 이후부터 영적인 일은 시시하고 의미 없는 일처럼 느껴진 것이 사실이었다.

예수님의 일을 할 마음의 준비가 되어있지 않은 것을 아시고 그녀에게 말씀하셨다.

"하루의 10%를 기도하는 시간으로 하나님께 드려라."

하루 24시간 중 10%를 기도하는 일은 생각보다 쉽지 않았다. 매일 일정한 시간을 하나님께 드리면서 기도하는 일이 어색하게 느껴졌고 집중하기도 어려웠다. 기도하려고 무릎을 꿇으면 자꾸만 해야 할 일들이 생각나고 마음은 분주한 일상을 향해서 달려 나가고 있었다.

"성령님께서는 그녀가 기도를 계속할 수 있도록 도와 주셨다."

기도의 내용도 문제였다. 처음에는 무슨 말로 어떻게 기도를 해야 할지 도무지 알 수가 없었다. 했던 말을 계속 반복하고 과연 이런 것도 기도라고 할 수 있을까 싶을 정도로 미숙했다. 그러나 매일 기도해 나가며 예수님께서 성령님을 통해 어떻게 성도들을 도우시는지 알게 되었다.

기도는 자신의 의지와 노력만으로 가능한 일이 아니었다. 성령님께서 아침에 찬송으로 깨워주시고 음성을 들려주시며 그녀가 계속 기도할 수 있도록 도와주셨다.

어느 날 예수님께서 그녀의 손을 잡고 여러 곳을 다니시면서 처참한 광경들을 보여주셨다. 수많은 사람들이 악한 영의 공격을 받으며 영적으로 죽어가는 모습이었다. 여기저기 고통 받으며 신음하는 소리로 가득 찬 그 곳에는 의사와 간호사가 있었지만 환자 수에 비해 턱없이 부족한 인원이었다. 아무리 소리 질러도 미처 의사의 손길이 닿지 않는 곳에 방치된 사람들도 꽤 여럿 있었다.

"제가 아플 때 예수님께서 고쳐주신 것처럼 이 사람들도 도와주시면 안돼요?"

"병을 고칠 수 있는 능력을 이미 나의 일꾼들에게 주었다. 더 많은 손길들이 필요하다. 다 죽어가고 있는 저들이 보이니?"

"저러다 다들 죽을 것 같아요."

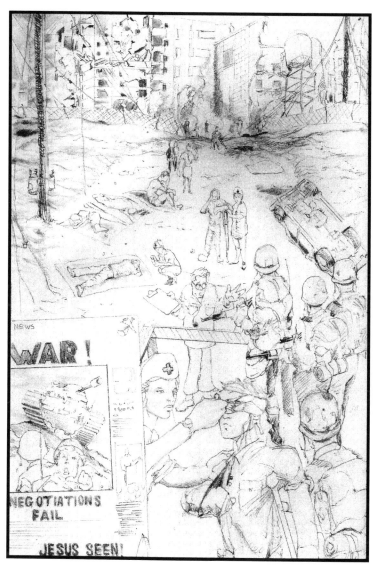

"너무 많은 사람들이 부상을 당했으므로 의사의 손이 미처 가지 못하는 사람들도 있었다."

"이 세상은 잠시 스쳐 지나가는 길일뿐이다. 세상에서 아무리 튼튼한 집을 짓는다 해도 영원한 집이 될 수는 없어. 아직도 깨닫지 못하겠느냐. 나는 네가 내 일을 하길 원한다. 그리하면 너의 필요한 모든 것을 내가 채울 것이다."

"제가요? 저는 할 수 없어요. 제게 기도하라고 하셨으니 대신 더 많은 일꾼을 보내달라고 기도 열심히 할게요."

펄쩍 뛰며 팔을 내젓는 그녀의 얼굴을 조용히 바라보시던 예수님께서 말씀하셨다.

"내 사랑하는 딸아, 너는 네가 해야 할 영적인 싸움을 누군가 대신 해주기를 바라고 있구나. 이미 많은 형제 자매들이 그 일들을 감당하고 있다는 것을 기억해라. 하나님의 전신갑주를 입고 선한 싸움을 해야 한다. 날마다 말씀과 기도로 영적인 성장을 해야만 사단과 싸워 이길 수 있으며 다른 영적으로 부상당한 사람을 도울 수가 있단다."

"자신이 없어요..."

"네 힘으로 하려하니까 자신 없고 힘이 드는 거란다. 나는 이제부터 너에게 하나씩 알려주고 가르칠 것이다. 사단의 존재와 그에 맞서 싸우는 방법과 다른 사람을 돕는 법을 배우게 될 것이다. 그렇게 하지 않으면 여전히 너는 상처받고 피 흘리며 패배할 수밖에 없는 연약한 존재일 뿐이지. 네가 다른 부상자를 도울

46 / 예수님과 걷는 길

수록 너는 점점 영적으로 강해질 것이며 너에게 필요한 모든 것과 능력을 줄 것이다."

"어떤 능력을 주실 건가요?"

"성경말씀이 바로 능력이다. 나의 말씀은 부상당한 자의 약이란다. 말씀의 갑옷을 입고 전쟁터에 나가는 순간 너의 안에 거하시는 성령님과 함께 동행하는 거야. 성령님께서 사람들의 마음의 문을 열어 인도하실 것이다. 성령님께서 사람들에게 죄를 깨우쳐주고 사단의 권세에서 풀려날 수 있도록 죄의 쇠사슬을 끊을 것이다. 네가 할 일은 성령님께서 일을 하실 수 있도록 하나님의 복음을 전하는 것이다. 성령님께서 부상당한 자들을 고칠 수 있도록."

"제 힘과 지혜로 가능한 일이 아니었군요."

"물론이지. 내가 너에게 바라는 것은 다름 아닌 자원하는 마음이다. 내 죽음의 의미를 잘 생각해보렴. 그들이 죄를 용서받고 구원받게 하기 위함이었다. 그러니 넌 내가 무엇을 하였는지 전하기만 하면 된다. 나와 동행하며 그 일들에 대해 하나씩 배우고 행하기만 하면 된다."

"예수님, 이제야 무슨 말씀을 하시는지 알 것 같아요. 근데 제가 돈을 벌어서 그 돈으로 주님의 일을 하는 분들을 물질적으로 후원해 드리는 건 어떨까요?"

"그런 걱정도 네 몫이 아니다. 내 일꾼은 내가 책임진단다. 자 이제 선택의 순간이 왔다. 한 사람이 두 주인을 섬기지 못할 것이니 하나님과 돈을 겸하여 섬기지 못한다."

세상의 달콤한 돈의 맛을 본 그녀였지만 예수님이 세상에서 가장 중요하고 능력 있는 분이시라는 걸 너무나도 잘 알고 있기에 무릎을 꿇고 말았다.

"저를 받아주세요. 순종하겠어요."

"이제야 네가 이해를 하는구나. 네가 나의 일에 충성할 때 하늘나라에서 상을 받는다는 것을 잊지 말아라."

"예수님, 이제부터 제가 어떻게 해야 하는지 알려주세요."

"먼저 중요한 것은 말씀의 전신갑주를 입고 하나님의 힘을 의지하고 영적인 성장을 위하여 훈련을 받아야 한다. 매일 5시간씩 말씀을 읽고 묵상하며 나에 대해서 배워라. 성령님께서 너의 길을 한 걸음씩 인도하시며 가르치실 것이다. 나의 음성에 귀 기울여라. 너의 기도가 곧 나와 하는 대화가 될 것이며 그 기도는 나를 기쁘게 한단다. 내 아들딸들이 기도하는 것만큼 나를 기쁘게 하는 것은 없다. 내 말이 너의 안에 거할 때 너의 기도는 응답될 것이다."

"제가 훈련을 받는 동안 어디 계실건가요?"

"항상 너와 함께 할 것이다. 너의 마음과 뜻과 정성과 힘을 다하여 하나님을 사랑하면 승리의 삶을 살 수 있을 것이다. 자기 목숨을 얻는 자는 잃을 것이요. 나를 위하여 자기 목숨을 잃는 자는 얻으리라."

계속되는 예수님의 말씀에 귀 기울이던 그녀는 갑자기 마음이 답답해지고 무거워짐을 느꼈다. 지난 날 예수님의 손을 놓고 하고 싶은 대로 하면 살았던 시간들이 떠올랐던 것이다.

"과연 저 같은 죄인이 남을 도울 수 있을까요? 예수님께선 제가 어떤 사람인지 다 알고계시잖아요..."

예수님은 머리를 쓰다듬으시면서 자상한 눈으로 그녀를 바라보셨다.

"너의 죄가 주홍 같을지라도 눈과 같이 회어질 것이다. 내가 십자가에서 피 흘려 죽음을 당했을 때 너의 모든 죄는 죽었단다. 내가 부활할 때 너의 영도 나와 같이 부활하여 의의 옷을 입고 하나님 앞에서 거룩하다 칭함을 얻었다."

"하지만 아직 제가 용서받은 것 같은 기분이 들지 않아요."

고개를 떨구고 서 있는 그녀의 시야에 못자국 난 손바닥이 들어왔다. 그 구멍 난 손바닥에서 선홍빛 피 한 방울이 그녀의 옷 위에 떨어지는 순간 얼룩지고 더럽던 그녀의 옷은 눈부신 흰 색으로 변하며 마음의 어두움까지도 몰아내어 버렸다. 그야말로 기적의 순간이었다. 살아있는 예수님 말씀의 능력, 보혈의 능력을 직접 체험한 것이다.

"예수님, 정말 놀라워요. 보세요. 예수님의 보혈로

모든 게 깨끗해졌어요."

"네가 다른 사람들에게 복음을 전해야하는 그 이유를 이제 알겠니? 이 세상 사람들은 사단의 거짓말에 속아서 영원히 그 죄에서 벗어 날 길은 없다고 믿으며 고통의 길을 걷고 있는 거야."

"제가 그랬던 것 처럼요?"

"응. 사단은 결코 만만한 존재가 아니다. 내 도움 없이 이길 수 있는 사람은 아무도 없다. 그러나 나의 말로서 그들은 죄와 고통으로부터 자유 함을 얻을 수 있고 승리하는 삶을 살 수 있다는 것을 깨닫기 원한다. 사람들에게 내가 그들의 죄를 위하여 죽었으므로 그들은 죄의 짐을 더 이상 지지 않아도 된다고 전하는 것이 네가 할 일이다."

죄로부터 자유 함을 얻은 그녀의 발걸음은 날아갈 듯 가벼웠고 그 기쁨을 다른 이들과도 나누고 싶은 마음이 충만했지만 역시 자신감은 생기지 않았다.

"하지만..."

"또 앞선 걱정을 하고 있구나. 네가 무슨 말을 해야 할 지는 내가 가르칠 것이다."

"이왕이면 말을 잘하는 사람이 그 일을 하면 훨씬 좋을 텐데 왜 저처럼 말도 잘 못하는 사람을 선택하셨나요? 모국어는 잊어버리고 영어도 능숙하지는 않아요...그리고 또⋯"

"모세의 이야기를 읽고 또 읽어라. 내 말이 믿어질

"내가 너에게 기적을 보이며 그들의 마음의 문을 열고 구원할 것이다"

1부/예수님과 걷는 길 / 51

때 까지 모세의 이야기를 읽어라."

출애굽기에서 모세가 어떻게 핑계를 대고 하나님께서는 무슨 말씀을 하셨는지 반복해서 읽으며 어떻게 하나님께서 도우시는지 깨닫게 되었다.

한편으로는 그 대단한 믿음의 사람 모세 또한 처음에는 자신과 별다르지 않은 연약한 사람이었다는 게 위로가 되기도 했다. 결국 모세가 이스라엘 백성을 구해낸 것은 하나님의 능력이었지 능수능란한 말솜씨로 된 것은 아니었다.

"저를 구원하신 것, 죄를 사하신 것, 이 모든 걸 가능케 하는 것은 예수님의 능력이셨다는 걸 또 잊었어요. 저를 예수님의 도구로 써 주세요."

다시 길을 걸어가기 시작했다. 길 위에는 생각보다 많은 부상자들이 있었고 그것을 보며 그녀는 또 근심하기 시작했다.

"예수님, 아무리 생각해봐도 저는 너무 부족해서 못할 것 같아요."

"나의 사랑하는 딸아, 나는 네가 부족하다고 느끼기 때문에 나의 일을 하라고 부르는 것이란다. 내가 일꾼으로 고용할 수 있는 사람들은 자신의 지혜와 지식과 자기 힘을 의지하지 않고 나를 의지하는 사람들이다. 너는 내가 당나귀를 통하여서도 사람들에게 말할 수 있다는 것을 알고 있지 않니? 나 없이 너 스스로 하나님의 일을 할 수 있다고 생각할 수 있을 때, 너는

52 / 예수님과 걷는 길

아무 결과도 내지 못하고 오히려 은혜에서 멀어질 것이란 것을 기억해라. 나는 포도나무요. 너는 가지니라. 가지가 나무에 붙어있지 않으면 열매를 맺지 못한다. 성령님께서 너를 통해서 역사 하시지 않으면 너는 열매를 맺을 수 없다. 어떤 일이 있을 때마다 어떤 환경에서든지 나를 의지하라. 그리하면 내가 너에게 기적을 보이며 그들의 마음의 문을 열고 구원할 것이다. 나를 사랑하며 나와 항상 같이 동행하라."

예수님과 함께 시간을 보내는 것은 이 세상의 어떤 즐거움과도 비교할 수 없었다. 예수님을 바라보기만 해도 마음의 평안과 기쁨이 흘러넘쳤다. 왜 여태까지 조금 더 가까이 걷지 않았는지 후회가 될 정도였다. 한참을 걷다보니 커다란 교회가 보였다.

"자 들어가 보자."

맛있는 음식이 가득 차려진 잔치가 벌어졌고 많은 주의 종들이 그 곳에서 음식을 나눠먹고 어떻게 하늘나라의 일을 해야 하는 가에 대해서 배우고 있었다.

그들은 식사가 끝나고 교회를 떠날 때 음식을 가지고 나갔다. 그런데 각자 같은 양이 아닌, 누군가는 아주 큰 빵과 큰 물동이를 들고 나가고 어떤 이는 아주 작은 분량의 빵과 물병을 들고 나가는 것이었다. 그들이 음식을 갖고 나가는 목적은 나가서 배고프고 목마른 자들을 돕기 위해서였지만 양이 다른 이유가 궁금했다.

"많은 주의 종들이 그 곳에서 음식을 나눠먹고 어떻게 하늘나라의 일을 해야할 지 배우고 있었다."

"왜 어떤 사람은 음식을 많이 가지고 나가고 어떤 사람은 조금만 가져가나요?"

"내가 너에게 그것을 보여주려고 이곳에 데리고 왔단다. 나의 아버지는 세상에서 가장 큰 빵 공장을 경영하며 세상에서 가장 깊은 생수가 나는 강을 가지고 계신단다. 나의 일꾼 중에 큰 빵과 큰 물동이를 가지고 나가는 자들은 나의 말씀을 배우며 성령님의 인도하심에 순종하여 많은 사람들을 하나님께로 돌아오게 하는 자란다. 음식을 조금만 가지고 나가는 자들은 그 정도의 양만큼만 나와 시간을 보내는 자들이지. 그들은 세상과 자기 취미에 빠져서 나에게 기도할 시간도 없는 자들이다. 말씀도 배우지 않고 기도하지 않으므로 그 영혼은 주리고 목마르며 그들의 양떼역시 똑같이 굶주림 속에서 죽어 가는 상태에 있다. 나를 따라오너라. 내가 너에게 더 보여줄 것이 있단다."

교회 밖으로 나와서 길을 걷다보니 분주하게 빵을 굽고 땀 흘리며 우물을 파는 사람들이 모여 있었다. 선한 인상을 가진 그들은 쉬지 않고 일하고 있었으나 어딘가 지친 기색이 역력했다.

"저들은 누구인가요?"

"내 일을 하라고 부른 사람들이지."

"그런데 왜 다들 저렇게 지쳐 있죠?"

"나의 말을 경청하지 않아서 그런 거란다. 내 양떼를 먹이라고 불렀지, 그 먹일 빵을 만들라고 부른 게 아닌데 스스로의 지혜와 능력에 의지하며 직접 빵을 만드느라 고생들을 하고 있구나."

한쪽에서는 근심에 가득 찬 얼굴로 빵공장 사장이 그늘에 앉아있었다. 다가 온 사람들과 나누는 대화를 들어보니 밀가루가 다 떨어져가고 더 이상 돈이 없어서 빵을 만들 수 없다는 이야기였다. 불평을 하는 사람의 말도 들려왔다.

"하나님도 무심하시지. 이렇게 선한 일을 하려는 우리에게 어째서 이런 일들이 벌어지게 놔두시는 거지?"

"이런 식이라면 곧 빵공장 문을 닫아야하고 그럼 우리가 먹여야 하는 저들은 다 굶어죽게 생겼으니 어쩌면 좋지?"

"우물도 다 말라간다구요."

예수님께서는 안타까운 표정으로 그들을 바라보셨다. "사랑하는 딸아, 나의 일을 하는 모든 사람들이 꼭 기억해야할 것들이 있다. 나의 능력을 인정하고 기도하면 모든 것은 내가 공급해준다는 사실이다. 내가 주는 빵과 물만이 사람들의 영적인 성장을 가능하게 하고 영원히 살 수 있게 해주는 거란다. 선한 의도만 가지고 가능한 일이 아님을 깨달아야 한다."

"좀 더 자세히 말씀해주세요. 저는 선한 의도로 하는 일은 다 기뻐하실 거라 생각 했거든요."

예수님께서는 풀밭에 자리 잡고 앉으셨다. 그녀도

그 옆에 앉아서 경청하기 시작했다.

"나의 일을 하는 자일수록 더 많은 시간을 기도하고 나의 음성에 귀 기울여야만 열매를 맺을 수 있다. 그들이 하고 있는 일이 선하고 하나님의 일이라 할지라도 그 일 자체를 나보다 더 사랑한다면 그것은 내가 원하는 일이 아니다. 나와 동행하며 내가 베푼 잔치에 와서 먹고 마셔야 살 수 있음을 모르기 때문이다. 이제 일을 시작하는 너는 반드시 명심해라. 그 어떤 일도 나보다 사랑하지 말고 내 손을 놓지 말아라."

"너무 쉽고 간단해서 더 어렵게 느껴지기도 하지만 저는 지금 예수님의 손을 잡고 가는 것만으로도 정말 행복해요. 그게 다라면 얼마든지 할 수 있을 것 같아요."

"진리는 언제나 복잡하지 않고 너를 자유케 한다."

그녀는 찬송을 부르며 예수님의 손을 잡고 숲길을 걸어갔다. 예수님이 인생의 전부인 그녀의 삶은 더 이상 바랄 것이 없었다.

"너는 나의 증인이다. 나와 함께 잔치에 가자."

다시 찬송을 부르며 걷는데 주머니에서 달그닥 소리가 났다. 그녀는 주머니에 손을 넣고 뭔가를 꺼냈다. 얼마 전 예수님께서 주신 보석들과 길에 가다가 발견한 돌들이었다.

찬란한 빛을 발하는 보석을 볼 때마다 기뻤고 시냇가 쉴 때면 꺼내서 만지작거리면 피곤이 풀리며 마음속 까지 빛나는 느낌이었다. 그랬던 보석중의 하나가, 꺼내보니 웬일인지 빛을 잃어버리고 뿌연 돌처럼 변해있었다.

당황한 그녀는 손수건으로 닦아보고 물로도 씻어보았지만 다시는 그 영롱한 빛을 되찾지 못했다. 절망감에 그녀는 주저앉아 울기 시작했다.

"예수님, 제 보석이 잘못된 것 같아요. 이 아이가 생명을 잃어가요."

그녀는 다시 정신없이 보석표면을 닦으며 온갖 노력을 했지만 헛수고였다.

"다시 빛나게 할 수만 있다면 무엇이든 할 수 있어요. 제가 어떻게 하면 되죠?"

그녀는 너무 실망한 나머지 땅에 앉아 통곡을 하기 시작했다. 예수님은 그녀를 슬픈 눈으로 바라보셨다.

"나의 사랑하는 딸아! 내가 너의 문제를 해결할 수 있는 능력이 있다고 믿느냐?"

그녀는 잠시 생각에 잠겼다. 지금까지 자신에게 베풀어주시고 보여주신 기적들을 떠올렸다.

"네! 물론이에요."

"이제 네가 지니고 있는 모든 보석들을 다 나에게 주어라. 영적인 전투를 하러 나갈 때 그것들은 너의 발목을 잡게 될 거야."

"이것 말고 나머지도 다요?"

그녀는 본능적으로 주머니에 남아있던 보석과 돌

"너에게 다가오는 시련들은 너의 믿음을 시험하는 척도이다."

들을 다 움켜쥐었다.

"예수님, 저는 이미 제 삶을 전부 주님께 드렸어요. 그걸로 부족하세요? 저를 맘껏 쓰시라니까요. 이 보석들은 그거와는 상관없어요."

"아니 너는 아직 모든 것을 내려놓지 않았다. 나는 전부를 원해. 그 보석들을 꺼내서 잘 보렴. 그것들이 무엇인지."

예수님께서 말씀을 마치시자 그녀는 주머니에서 보석과 돌들을 다 꺼내어 살펴보기 시작했다. 그 보석하나하나에는 재정문제, 가족의 문제, 하나님 일에 대한 걱정등 그녀의 근심거리와 해결해야 할 문제들이 적혀있었다.

한숨을 내쉬며 그 돌들을 예수님께 전해드렸고 돌이 하나씩 옮겨질 때마다 그녀의 마음은 다시 빛나기 시작했다. 그것들을 건네받으신 예수님께서는 본인의 주머니에 넣으시며 말씀하셨다.

"내가 이제 이 문제들을 내 아버지께 해결해달라고 기도할 것이다."

그녀는 마음이 가벼워졌다. 모든 문제들을 예수님께 드린 것이다. 그러나 그녀는 걸어가는 동안 다시 돌들을 발견할 때마다 하나씩 주머니에 넣었다.

"그 돌들을 나에게 주어라. 너에게 다가오는 시련들은 너의 믿음을 시험하는 척도이다. 네가 그 시험을 잘 이길 수 있는 길은 나에게 맡기는 것 밖에 없다. 걱정근심이 생길 때마다 나에게 내려놓고 기도해라. 내가 도와줄 것이다."

그 돌들을 예수님께 드리고 또 다시 밝아진 표정으로 길을 나선 그녀는 예수님을 찬양하는 노래를 부르기 시작했다. 매순간 실족하여 낙망하고 쓰러지다가 다시 말씀으로 힘을 얻어 소망을 가지고 전진하는 순간들이 반복되었다. 맑은 시냇가를 지나 평화로운 초원을 가로지르자마자 가파르고 험한 돌산이 눈앞에 펼쳐졌다. 그녀는 이해할 수가 없었다. 예수님과 함께 가는 길에 왜 이렇게 험난하고 거친 것들이 존재하는지 도대체 언제쯤 끝이 나는지 아득해졌다.

능치 못하심이 없는 예수님의 한마디면 이 길쯤이야 포장도로로 얼마든지 바꾸실 텐데 그렇게 하지 않는 이유도 알고 싶었다. 예수님과 동행하기로 결정하면 삶의 모든 장애물이 제거되고 초록 신호등이 켜지며 일사천리로 해결될 거라고 믿었는데 의외로 숨어 있는 복병이 많았다.

그중 남편의 반응은 뜻밖이었다. 그 길을 묵묵히 걸어가고 있던 사람이라 그녀의 결정에 박수를 보내주리라 믿었는데 함께 할 시간이 줄어들 거라는 이유로, 탐탁지 않게 여기는 것이었다.

그렇다 해도 이제 자신의 삶을 예수님께 완전히 바치기로 한 이상, 쉽게 포기 할 수 없어서 남편을 잘 이해시키고 싶었지만 생각처럼 되지 않았다. 근심어린 그녀의 표정을 보시며 예수님께서 말씀하셨다.

"이 산은 시험의 산이라고 부른단다. 어떤 길보다 위험하고 어려운 길이다. 많은 사람들이 나의 음성을 듣고, 성령님께서 그 마음을 감동시키셔서 나의 일을 하기위해 길을 나서지만 이 산 앞에서 걸음을 멈춘다. 자기들의 힘으로 이 산을 옮겨야 한다고 착각하기 때문에 불가능한 일이라고 손을 저으며 낙심하고 포기했다. 안 되는 이유에 집중했고 주변의 부정적이고 만류하는 소리에 귀 기울이느라 나의 음성은 듣지 못한다."

그녀의 한숨소리가 커져갔다. 풀 한포기 없는 험난한 바위산에는 생명체라고는 도무지 찾아 볼 수 없었다. 예수님의 조용한 음성밖에는 들리지 않고 사방이 고요했다. 무서운 적막감이 들었다.

"세상과 돈을 사랑하는 사람은 이 산을 통과할 수 없다. 딸아, 너는 이 산에서 여러 가지 시험과 고난을 받게 될 것이다. 그러나 두려워 말아라. 너를 지명하여 불렀나니 네가 불 가운데로 지나갈지라도 타지 않을 것이며 그 연단을 통해 내 참 제자가 될 수 있도록 도와줄 것이다. 어떤 이들은 시험과 고난 속에서 그 의미를 깨닫지 못하고 나를 원망하며 떠나가 버렸다. 부디 그 뜨거운 풀무의 의미를 깨닫고 나에 대한 믿음을 잃지 않기를 바란다. 세상에는 잃어야 비로소 얻게 되고, 통과해야만 알게 되는, 귀한 것이 있음을 기억해라. 너의 일 중의 하나는 하나님의 일을 하라고 부름을 받은 자들이 나를 따르지 않고 세상을 따를 때마다 나를 따르라고 격려 하는 것이다."

"그럼 제 앞의 산을 믿음으로 옮길 수 있나요? 그 방법을 알고 싶어요."

"남편을 용서하고 그를 위해 기도해라. 서운한 마음과 상한 마음을 버리고 성령님의 인도하심에 순종해라. 그도 불 가운데로 지나가면서 믿음의 연단을 받고 있단다. 그 역시 하나님의 나라를 위해서 유용하게 쓰여지려고 연단을 받는 것이니 네가 남편을 용서할 때 내가 너의 기도에 응답하겠다. 네가 그를 위해 기도할 때 내가 너와 너의 남편을 축복할 것이다. 내가 너의 기도를 응답하는지 시험해 보라. 나와 동행하면 너에게 있을 일들을 알려주고 그리하여 네 앞의 산들을 나의 능력으로서 옮길 수 있도록 도와주겠다."

그 놀라운 말씀 앞에 그녀는 큰 힘을 얻었고 더 이상 바위산이 두렵지 않았다. 예수님과 동행하는 삶이란 그런 것이었다. 하루는 길을 가다가 뭔가 발에 걸려서 주워보니 크레용 박스였다.

그 크레용으로 큰 바위에 그림을 그려보았다. 눈에 보이는 산과 우거진 숲의 나무를 그리자 지나가던 여행객들이 걸음을 멈추고 그녀의 그림을 쳐다보았다.

"와 대단하다. 유명한 화가인가 봐."

한 남자의 찬사를 듣자 기분이 좋아진 그녀는 더

1부/예수님과 걷는 길 / 63

열심히 그림을 그리기 시작했다. 마치 태어날 때부터 미술에 특별한 재능을 갖고 있었으며 다른 사람들에게 인정받는 것은 아주 당연한 일이라는 생각까지 들었다.

그러나 냉정한 시각으로 볼 때 그녀에게는 타고난 예술적인 재능 같은 건 없었다. 자신이 그렇다는 걸 알면서도 혹시 더 열심히 연습하면 멋진 예술가가 될지도 모른다는 생각에 더 많은 시간과 열정을 쏟았던 것이다. 그림에 너무 열중한 나머지 예수님이 곁에 서서 기다리고 있다는 것도 잊어버렸다. 예수님은 그녀가 그림을 그리는 돌 옆에 서서 물어보셨다.

"내가 너에게 한 말을 기억하니?"

그 순간 태양은 밝게 떠올랐고 바람은 예수님의 부드러운 머리를 날리게 했다. 예수님의 얼굴은 인자하심으로 가득했다. 그녀는 집을 그리는 것을 멈추고 가만히 생각해 보았다.

그제서야 그녀의 할 일들이 생각났다. 즉각 하나님의 말씀에 순종하여 배고프고 목마른 자들에게 빵과 물을 가져다주었다. 그런데 사람들이 그녀에게 감사의 말들을 하자 그녀의 마음속에는 서서히 교만이 자라기 시작했다. 그녀가 한 일은 단지 빵과 물을 전달해 준 것 뿐이며 감사는 하나님께 드리라는 말을 했어야했다. 빵과 물은 하나님께로서 온 것이기 때문이다.

"주님 말이 맞아요. 성령님께서 이주 동안 저에게

야고보서와 베드로서에 나와 있는 '하나님께서 교만한 자를 물리치시고 겸손한 자에게 은혜를 주신다'는 말씀을 자꾸 읽으라고 해서 왜 그러시는지 이해를 못했었는데 이제는 알 것 같아요. 저는 다른 사람들이 저를 인정해 줄 때 제 마음속에 교만의 씨가 자랄 수 있는 기회를 줄 수 있다는 것을 몰랐어요. 예수님, 저를 용서 하세요. 저 같은 죄인과 어떻게 함께 걸으실 수 있는지 모르겠어요."

"네가 나의 일을 할 때 꼭 기억할 것이 있다. 네가 다른 사람들의 인정을 받으려고 나의 일을 한다면 너는 너를 위하여 일하는 것이지, 나를 위하거나 하나님의 나라를 위해서 일하는 것이 아니다. 어떤 이들은 나보다도 나의 일을 더 사랑한다. 그들은 사람들의 인정을 받는 것만 생각하고 하나님께서 어떻게 그들을 생각하는 것은 생각지도 않는다. 내가 그들에게 침묵하는 이유는 나를 섬기지 않고 자기들을 섬겼기 때문이다. 또 어떤 이들은 성령의 능력을 이해하지 못하고 자기 자신만을 의지하므로 열매를 맺지 못하는 삶을 살 뿐이다. 어떤 이들은 성령의 능력을 체험한 후 오히려 교만해져서 내 영광을 자신들에게 돌린단다. 그렇게 되면 성령님께서는 그들을 도우시지 않으므로 그들은 하나님의 일에 도움도 주지 못하고 열매도 맺을 수 없게 된다."

"얼마 전에 예수님께서 저에게 다른 사람들의 환경

1부/예수님과 걷는 길 / 65

과 마음을 이해하게 함으로써 용서할 수 있는 마음을 주셨어요. 제가 겸손한 마음을 가질 수 있도록 도와주세요."

"하나님께서는 마음의 중심을 보신다. 하나님의 기준과 세상의 기준은 같지 않으므로 모든 사람을 존중해주어라. 그래서 내가 누구든지 첫째가 되려면 가장 낮은 자리로 가야한다고 하지 않았느냐. 모든 영광을 하나님께 돌리면 성령님께서 너를 도우실 것이다."

"하나님의 눈으로 저를 볼 수 있다면 저에게는 아무런 자랑거리도 없고, 교만함도 없어지겠군요."

그녀는 예수님의 자상한 눈을 바라보았다.

"자랑할 것이 하나있지."

"네?"

"내가 너를 위해 무엇을 했는가를 자랑하려무나. 그것 외에는 모든 자랑거리가 너를 실족하게 만드는 올무가 되기도 한다는 것을 명심해야 한다. 철저하게 너를 비우고 성령님의 인도하심에 순종하는 삶은 천국에서의 상급이 크다. 성령님께서 사람들을 구원하시는 놀라운 역사는 네가 순종할 때 볼 수 있다."

"무슨 말씀인지 알겠어요. 근데 아무래도 사람들에게 한번 칭찬을 받으면 기분이 좋아지고 자꾸만 인정받고 싶어지는 마음이 들어요."

"많은 사람들이 그 함정에 빠지곤 하지. 그러나 이 땅에서 사람들에게 칭송받고 인정받는 것에만 신경을 쓰다보면 천국에 가서 받을 상은 없게 된단다."

그녀는 사람들의 반응과 평가에 예민해져가는 자신의 모습을 회개하며 마음을 비우겠다고 다짐하고 있을 때 친구가 찾아와서 좀 더 많은 빵과 물을 가져다 달라고 요청하였다.

순간 그녀는 망설였다. 또 다시 이 일을 통해 자신이 칭찬받고 교만해질까 두려운 마음이 앞서서 선뜻 행동으로 옮겨지지 않았다. 무슨 일이 있을 때마다 항상 예수님을 의지하고 앞으로 나아갈 길 또한 꼭 물어보라고 하신 기억이 난 그녀는 예수님께 여쭤보았다.

"예수님, 이 배고픈 사람들을 먹여야 할까요? 그 사람을 안 먹이면 제가 교만에 빠질 이유가 없잖아요. 정말로 다른 사람들에게 제가 주님께 무엇을 배웠는가를 얘기해줘야 하나요?"

"나의 사랑하는 딸아, 당연히 배고픈 사람에게 음식을 가져다주어야 한다. 그런 일을 하라고 내가 너를 부르지 않았느냐? 내가 살아있으며 그들을 사랑한다는 것을 알려주고 나의 종들이 세상에서 영적으로 주린 자들을 내가 먹인다는 것을 알려주어야 한다. 네가 하지 않는다면 다른 사람들을 세워서라도 반드시 해야만 하는 일이다."

"예수님, 사실은 교만한 마음뿐만 아니라 저는 다른 사람의 비판이 두려워요. 예수님을 아는 사람들도 주님께서 어떻게 말씀하시며 인도하셨는가를 얘기하

1부/예수님과 걷는 길 / 67

면 이해 못 하고 비웃을 거예요."

"다른 사람들의 비판과 조롱을 두려워하지 말아라. 내가 너와 항상 같이 있지 않느냐. 내가 너에게 그렇게 말하라고 했다고 이야기하렴. 네가 항상 궁금해 하는 영적인 부흥에 대해 말해줄까? 계속 영적인 부흥을 위해서 기도해라. 많은 사람들이 이 영적인 부흥을 위해서 자신들의 마음과 뜻과 정성을 다하여 기도할 때 큰 부흥이 일어나게 된다. 그때 너의 기도가 응답 될 것이다. 너를 비우고 성령님께 순종하는 삶을 살면 너도 이 큰 부흥에 참여할 기회가 있을 것이다."

예수님께서는 억지로 무엇인가를 시키는 분이 아니란 걸 알게 된 그녀는 겸손하게 순종하며 그 일을 하기로 선택했다. 자신이 아니더라도 누군가를 통해서라도 반드시 그 일을 행하실거라는 것을 알게 된 것이다.

"배고픈 사람들에게 빵과 물을 주겠어요."

"나를 따라 오너라. 내가 너에게 큰 부흥이 일어나기 전에 해야 할 일을 알려주겠다. 너는 사람들이 잘 가지 않는 곳에서 나의 잃어버린 양을 찾아라."

예수님은 그녀의 손을 잡고 인도하시며 말씀하셨다. "나의 사랑하는 딸아, 내가 너를 아주 많이 사랑한단다. 내가 너와 함께 하며 너를 도와주리라."

그녀의 마음은 성령님께 감동받아 뜨거워졌고 예수님에 대한 사랑으로 충만해졌다.

"오 예수님! 당신 한 분 만으로 제 삶은 충분합니다. 저를 영생의 삶으로 인도하실 유일하신 분. 예수님과 동행할 수 있는 은혜를 정말 감사합니다. 다른 불쌍한 영혼들을 제가 도울 수 있도록 능력을 베풀어주세요. 제가 그 길을 가겠어요."

온 맘다해 예수님을 찬양하며 그 손을 잡고 아름다운 춤을 추었다. 예수님께서는 보는 것만으로도 마음이 녹아버릴듯 한 자애로운 미소를 얼굴 가득히 지으시며 함께 춤을 추기 시작하셨다.

"예수님, 당신을 사랑합니다. 제가 원하는 단 한 가지, 이 땅에 뜨거운 부흥의 불길을 허락하시고 많은 사람들이 자기들의 죄를 깨닫고 회개하여 구원을 받을 수 있도록 역사해 주세요. 영광과 찬양 그리고 감사와 존귀를 받으시기에 합당하신 오직 한 분 오늘 당신을 어제보다 더 사랑합니다."

진심어린 아름다운 고백 후에도 그녀는 예수님과 걷는 길이 얼마나 어려운지 알고 있었다. 하지만 또 다시 그런 선택의 순간이 온다면 조금도 망설임 없이 그 길을 택할 것이며 이 사실을 알게 하신 예수님께 감사하면서 지금도 예수님과 함께 걷고 있다.

2부

예수님과의 동행

예수님과의 동행

유난히 분주한 하루였다. 버플로 와이오밍에서 꼬박 운전해서 6시간이 걸리는 덴버 코로라도의 아일맆 신학대학원에 가는 날은 아침부터 정신이 없었다.

어느 덧 작은 타운에 들어서는데 마침 빨간 신호가 켜지고 반쯤 열린 차창으로 보이는 거리를 무심코 바라보았다. 소규모의 아담한 샵들이 모여 있는 그 거리에 세 살 정도 되어 보이는 아이가 아빠의 손을 잡고 가게에 들어가는 뒷모습을 보았다.

그 순간 '저 어린 아이가 과연 아빠 마음을 얼마나 이해할까?' 라는 생각이 들며 그와 동시에 '그럼 나는 아버지 하나님의 마음을 얼마나 이해하고 있지?' 하는 생각이 들었다.

아마도 그 어린 아이가 아빠의 깊은 뜻과 마음을 알 수 없듯이 나 역시 아무리 노력해도 만물을 다스리시는 하나님을 이해한다는 것은 거의 불가능하다는 생각이 들었다. 알지도 못하는 그 어린 소녀와 아빠의 뒷모습을 잠깐 본 것이 다였지만 그것을 통해서 하늘

72 / 예수님과 걷는 길

에 계신 아버지께서 나를 얼마나 극진히 사랑하시는
지 그 깊이가 느껴지며 저절로 눈물이 나왔다.

"아버지 감사합니다. 저를 어린 딸로서 사랑해주시
는 그 사랑에 눈물이 납니다."

이 세상에서 나를 사랑하는 사람이 아무도 없을지
라도 하나님은 언제나 나를 사랑하고 계신다는 것을
알게 된 것이다. 그 부녀의 모습은 잊어버릴만하면 떠
올라서 하나님께서 얼마나 나를 사랑하시는지, 나와
예수님과의 관계를 이해하는데 도움을 주었다.

교회에 다닌 지는 오래되었지만 언제나 내 생각이
우선이었고 내가 원하는 대로의 삶을 살고 있었다. 예
수님과 동행해야한다는 생각조차 해 본적도 없었다.
그저 넓고 편한 길이 좋았고 고민 없이 그 길을 걷고
싶을 뿐이었다.

그러던 어느 날 예수님은 사랑 그 자체로 다가오셨
고 따뜻한 음성으로 내가 가야 할 길을 알려주셨다.
예수님과 동행하는 길은 결코 편하거나 쉽지 않았지
만 그 영생의 좁은 길은 마음의 평안과 감사가 그치지
않는 놀라운 길이었다.

지금까지 세상을 살아 온 기준으로는 이해 할 수
없고 설명할 수 없는 기쁨이 있었다. 아무리 교회를
다녔다 해도 예수님과 함께 동행 하지 않는 한 그것은
의미 없는 그저 종교 행위에 지나지 않는다는 것을 오
랫동안 알지 못했다.

하나님의 임재를 체험하지 못하며 혼자 걷는 그 길은 언제나 채울 수 없는 마음의 빈자리가 있었고 삶의 만족도, 지속되는 행복도 느낄 수 없었다. 천지를 지으시고 다스리시는 하나님의 존재를 알고 인정은 했지만 나의 아버지로서 그토록 나를 사랑하시는 분이라는 실감은 해 본 적이 없었다. 그러므로 당연히 내 삶에 있어서 하나님은 우선순위에서 언제나 밀려나곤 했다.

형식적인 감사와 반드시 응답될 거라는 확신도 없는 기도는 살아있는 언어가 되지못했다. 그러기에 무슨 일의 결과가 나타나도 그것이 기도의 응답인지 아니면 우연의 일치인지도 구분할 수 없는 시간들의 연속이었다.

그렇게 의미도 없는 신앙생활을 하던 중에 다가오신 예수님의 존재는 나의 삶을 송두리째 뿌리부터 흔들어 놓았고 살아있는 이유와 내 존재의 목적을 깨닫게 해 주셨다.

두꺼운 성경책의 주인공과 벽화의 그림으로만 존재했던 그 분은 펄떡이며 살아있는 사랑으로 날마다 은혜의 물결로 나를 덮으셨고 이 세상의 다른 즐거움이 다 빛을 잃으며 덧없이 사라져가는 것을 느꼈다.

영원할거라고 믿었던 사랑과 인간관계들이 나를 날카롭게 칼로 베듯 상처내고 등을 보이며 사라질 때에도 예수님께서는 변함없는 사랑과 영적인 양식으로 나의 목마름과 배고픔을 해결해 주셨다.

거칠고 험한 가시밭길을 통과한 후에는 세심한 손길로 나의 발을 씻어주시며 누더기가 되어버린 나의 영적인 더러움을 용서해 주셨다.

예수님의 보혈은 내 자신조차 용납할 수 없는 나의 죄까지도 눈처럼 하얗게 만드시는 놀라운 능력이 있으심을 경험했다. 예수님의 일을 하기로 결정하자 그분과 동행하며 배우는 그 시간이 소중하고 귀하게 느껴졌다.

예수님과 동행하는 길이 다시 시작되었다. 동이 틀 무렵 하늘은 태양빛으로 물들며 아름답게 빛나며 숲의 풀잎마다 보석 같은 이슬이 맺혀 걸을 때 마다 예수님의 흰 옷은 더 환히 빛나고 있었다. 기쁨에 넘친 그녀는 쉴 새 없이 예수님께 속삭이고 찬양하는 마음을 노래와 춤으로 표현하며 그 숲길을 걸어갔다.

"예수님, 다시는 방황하고 싶지 않아요. 저는 지금 이 삶이 정말 좋아요. 예수님께서 저를 보는 그 눈으로 제가 볼 수 있게 해주세요."

"나의 사랑하는 딸아, 나의 눈으로 너를 보게 해줄게. 그리고 나를 따르는 자에게 어떤 위험이 있는지도 알아야한다. 사단은 언제나 나의 일을 하는 이들을 공격하고 유혹해서 그 사명을 저버리도록 한단다. 나를 따라 오너라."

예수님을 따라 간 곳은 게임 방이었다. 그 방 한가

운데에는 철로 만든 날카로운 칼이 주위에 수없이 박힌 동그란 철 기둥이 있었는데 그 기둥이 돌아가는 데도 사람들은 두 손을 벌리고 몸을 다치면서도 계속 칼들을 붙잡으려고 하였다.

"눈앞에 벌어지고 있는 광경이 보이느냐. 수많은 사람들이 피 흘리고 제 몸의 상처가 나는데도 세상의 부와 명예를 포기하지 못하고 살아간다. 그것들이 자신의 미래를 보장해 준다고 착각하지만 헛된 것임을 알지 못한다. 나에게 영혼을 구원하여 영생을 얻게 할 수 있는 능력이 있음을 알지 못한다. 눈에 보이는 것에 마음을 두면 나는 보이지 않는다. 내가 너를 왜 이곳에 데려 왔는지 이해하느냐?"

그녀는 울음이 터져 나왔다.

"저를 용서해주세요. 저 역시 저 칼을 잡으려다 다치고 피 흘렸지만 돈을 의지하고 예수님을 찾지 않았어요."

"너를 용서한다. 물질적인 어려움은 네게 재앙이 아니라 축복이었다. 그 고난을 통해 너는 다시 기도하기 시작했고 나는 너를 그 방에서 데리고 나왔단다."

"그러신 거였군요..."

"그 누구도 그냥 저절로 그 방에서 나올 수는 없다. 기도를 하고 말씀을 읽기 시작하면 나올 수 있는 길이 열리고 상처를 치유 받을 수 있다. 그 후에는 남아있는 사람들을 나올 수 있도록 도울 수 있게 된다."

"그 방에 남아있으면 결국 어떻게 되는 건가요?"

"죽는 그 순간에 마귀에게 끌려가 처절한 고문을 받으며 끝나지 않는 고통을 경험 하게 된다. 나를 따르기로 결심했던 많은 아들딸들도 생활에 어려움이 닥치면 그 게임 방으로 돌아갔다. 그 자신들도 그 길이 멸망의 길인지 모르고 마귀에게 공격당하고 피 흘리는 것을 볼 때마다 내 가슴은 참으로 아팠다."

"정말 꿈에도 몰랐어요. 그저 남편의 월급만으로 생활이 충분하지 못했기에 집안의 경제에 도움이 되어야겠다는 단순한 생각으로 시작한 일이었어요. 저는 제가 다치고 있다는 것도 몰랐어요. 가정을 도우려고 노력했어요. 예수님은 아시잖아요. 저희가 적은 월급으로 얼마나 불안하고 힘든 생활을 했는지."

"네 남편이 배고픈 사람들을 먹이고 아픈 사람들을 치유하는 동안 너의 집에 음식이 떨어진 적이 한 번이라도 있었니?"

"그런 건 아니지만..."

"얘야, 수많은 나의 일꾼들은 음식이 없어서 금식을 하면서도 기도한다는 것을 너는 알고 있느냐? 나에게 순종하는 자들은 그들의 상급이 세상 아닌, 눈에 보이지 않는 아버지 나라에 있다는 것을 알고 있단다. 어려움과 환란을 통해서 더 많은 나의 능력과 사랑을 체험한다는 것을 깨달아라. 네가 내 일을 할 때, 너에게 필요한 모든 것을 다 채워줄 것이다. 전적으로 나에게 의지하기를 원한다."

"예수님, 제가 세상일을 하면서 얻는 물질로 하나님을 섬겨도 되지 않나요?"

"내가 자녀들을 부르는 방법은 여러 가지이다. 어떤 이들은 세상일을 하면서 그 물질로 나를 섬기라 불렀고 또 다른 이들은 나의 사랑과 희생을 전함으로써 많은 사람들이 영생을 얻도록 도우라고 불렀다. 너는 후자의 경우다. 너를 신학교에 보낸 것도, 영적인 세계를 보여 준 것도 바로 그런 이유에서였다. 네가 세상을 사랑할 때 돈이 하나님이 되었고 네 삶의 목적이 되었잖니. 너를 부르는 내 음성도 듣지 못하고 네 맘 속에는 돈을 벌 궁리로 가득 차서 내가 있을 곳이 없었다. 세상을 좇던 너에게 지금 남은 것은 무엇이냐?"

예수님의 질문에 아무 말도 할 수 없었던 그녀는 고개를 숙이고 침묵했다. 한참이 흐른 후 그녀가 입을 열었다.

"아무것도 남은 게 없네요. 오히려 빚에 시달리는 삶이 되어 버렸어요...근데 이제 와서 신학공부를 하려니 학비도 걱정되고 잘 할 수 있을까 두려움이 앞서요."

"세상의 모든 것의 주인이 누구인지 잊었느냐? 공부에 필요한 모든 것은 내가 공급해 주겠다. 내 자녀는 내가 먹이고 입히며 내가 돌본다. 지난 시간들을 다시 돌이켜보아라. 내 은혜가 네게 족하다."

정말로 그랬다. 도저히 불가능해 보이는 상황에서도 그녀에게는 꼭 필요한 것들은 언제나 채워졌고 걸어 온 삶 자체가 기적이었던 것을 또 잊고 있었던 것이다.

"예수님, 감사합니다. 또 잊고 있었어요. 지금까지 채워주시고 지켜주신 은혜를. 앞으로도 그렇게 해 주실 것을 믿어요. 근데 제가 세상에서 예수님보다 사랑하는 것이 있다는 것을 어떻게 알 수 있죠?"

"성령님의 인도하심을 받고도 네 맘속에 불안함과 그 일을 하지 말아야 할 이유들로 가득 차서 발걸음이 떨어지지 않게 되어 두려움에 사로잡힌다면 그것이 바로 증거가 된다. 나를 따르다가 잃어버릴까 걱정되는 것이 있다면 너는 그것을 나보다 더 사랑하는 것이다. 두려워하지 말아라. 내가 너와 함께 하지 않느냐? 네가 열매 맺는 삶을 살려면 세상을 사랑하지 말고, 세상 것들에 대해서는 죽은 자라고 생각해야 된단다."

"예수님, 제가 아직도 살아 숨 쉬면서 어떻게 죽은 것처럼 생각할 수 있겠어요?"

"내 딸아, 세상에 대해서 죽는다는 것은 너의 두려움에 대해서 죽는 것이란다. 네가 그렇게 할 때만이 하나님의 뜻을 이루려 노력하는 것이 가장 중요하다는 것을 느끼고, 네 생명까지도 하나님의 나라를 위하여 바칠 수 있게 될 것이다."

"제가 예수님을 따르려고 결심했을 때에는 사실 저

혼자만 변화하고 희생하면 된다고 생각했는데 제 주변 사람들도 그것이 요구된다는 것을 몰랐어요.”

"내가 자녀를 한명 부르게 되면 그 주변의 사람들도 변화된 환경 때문에 처음에는 불편함을 느끼지만 결국 자신의 믿음을 돌아보게 되는 기회가 될 것이다. 네가 하는 일이 많아질수록 너의 주변 사람들의 희생도 커지므로 힘들어 지겠으나 이겨내야 한다. 물론 희생을 좋아하는 사람은 아무도 없다. 그래서 나와 같이 걷다가도 그 상황에 닥치면 게임 방으로, 넓은 길로 다시 돌아가는 사람들이 있다. 그러나 그들이 알지 못하는 한 가지를 너는 알아야 한다. 희생 없이는 얻을 수 있는 것도 없다는 것이다. 내가 십자가에 못박혀 죽고 희생함으로 네가 구원받고 영생의 나라로 가게 된 것을 기억해라. 너 역시 내 제자들의 헌신과 희생으로 여기까지 온 것을 기억하고 길 잃은 양들이 내 아버지 나라로 갈 수 있도록 그 일을 어떤 희생을 치루더라도 해야 한다. 네가 나의 나라를 위하여 일하며 다른 상처받은 심령과 병들어 죽어가는 영혼들을 위하여 일할 때 내가 너의 가족과 주위 사람들을 돌보아 주겠다.”

"제가 주님을 따르기로 결심했을 때 나의 눈물의 기도로 족하다고 생각했어요. 그런데 나의 결심 때문에 나를 사랑하는 사람들도 눈물을 흘려야 한다는 생각을 못했어요. 나 때문에 원치도 않는 희생을 하게 된 그들에게 미안해요."

"그들의 눈물이 변하여 축복이 될 것이다. 너를 위한 희생의 눈물이 아니다. 그들의 희생은 나를 위한 희생이다. 눈물이 없이는 고침을 얻을 수 없다는 것을 알고 있느냐. 네가 내 앞에서 성령의 음성을 따르기 싫어서 눈물을 흘릴 때 그 눈물은 네가 세상을 사랑하는 마음을 없어지도록 고치게 하는 약이 되었다. 너와 네 주위 사람들의 눈물은 자신들과 다른 죽어가는 영혼들을 고치기 위한 기도가 될 것이다. 네가 눈물을 흘릴 때마다 나도 눈물을 흘린단다. 네가 기억해야 될 것은 너의 구원을 위하여 눈물을 흘리며 기도한 사람들이 있었고, 나는 눈물의 기도에 응답한단다."

"다른 사람들이 눈물로 하는 기도가 나의 구원을 돕고 나의 상처를 아물게 했다는 것을 생각하지 못했어요."

"내 눈물과 십자가의 고통은 내 아버지와 사람 사이에 있는 벽을 허물었다. 눈물을 흘리며 씨를 뿌리는 자는 기쁨으로 거두리라는 것을 알지 않느냐? 이제 너도 눈물을 흘리며 씨를 뿌리러 나갈 시간이다. 너의 할 일은 나가서 나의 사랑의 씨를 사람들의 마음에 심어서 그들이 내가 그들을 얼마나 사랑하는지 그들에게 가르쳐주는 것이다. 많은 사람들이 나를 몰라서 울면서 도움을 구하고 있지 않느냐? 많은 사람들이 마귀의 함정에 빠져서 매를 맞고 고통 속에서 허덕이고,

2부/예수님과의 동행 / 81

벌거벗고, 상처받고 지옥을 향해 영원한 고통 속에서 고문을 받을 길을 가고 있다. 많은 나의 자녀들이 세상을 사랑하여 내가 일하라고 불러도 대답도 하지 않고 내 손을 물리치며 멸망의 길로 달려가고 있단다. 네가 나의 마음을 이해하게 될 때 너는 밤과 낮을 눈물로 지내게 될 것이다. 그러나 너의 눈물의 기도가 많은 죽어가는 영혼을 생명의 길로 인도할 수 있는 길을 마련할 것이다. 눈물의 기도가 없이는 너는 기적을 볼 수 없을 것이다. 그렇게 눈물을 흘리는 중에도 나는 나의 아들딸들에게 평안과 기쁨과 능력을 줄 것이고 그들이 모든 것을 감당할 수 있도록 도와 줄 것이다. 네가 나의 마음을 항상 느낀다면 너로서는 감당할 수 없으므로 필요한 때에 너에게 언제 누가 도움이 필요하고 어떻게 도와야할 지를 알려주겠다. 이제 잃어버린 양을 찾으러 나가야 할 때다."

"제가 왜 꼭 교회 밖에서 일을 해야 하죠? 교회 안에서도 할 일이 많다는 걸 주님은 아시잖아요?"

"나의 사랑하는 딸아, 교회 안에 있는 자들은 벌써 상처가 아물어가고 있거나 또 다른 손길들이 남아있다. 그러나 길 잃은 많은 양들이 배가 고파서 두려움으로 울면서 쓰러져 있는 사막은 독사와 전갈이 먹을 것을 찾고 있는 곳이란다. 나의 어린 양들이 가시밭길을 걸으며 외롭게 길거리에서 방황하는 곳은 배고픈 늑대들이 먹을 것을 찾으러 돌아다니는 곳이란다. 나는 그들이 어디에 있는지 알고 있단다. 이 시간에도 나는 그들이 흘리는 절망의 눈물을 보고 나도 눈물을 흘린단다. 나의 일꾼들이 그 길 위로 나가서 사랑의 약으로 그들을 치유하여 나의 아버지의 집으로 안전히 인도해야 한다. 나의 약은 무료이다. 내가 눈물과 피로서 값을 지불했기 때문이다. 네가 나를 따르면 성령이 너에게 어떤 사람들에게 도움이 필요한지 인도하여 주실 것이다."

"주님, 아직도 저를 이해하지 못하는 사람들이 많아요. 예전에 제가 예수님의 일을 하려고 결정하기 전보다도 더 많은 갈등들이 가족과 친구들 사이에 생겼어요. 왜 그런 일들이 생기는 걸까요?"

"내가 한 말을 기억하지 못하느냐? 내가 온 것은 평안을 주러 온 것이 아니요 칼과 분쟁과 불을 주러 온 것이다. 나를 따라 오는 자가 나보다 자기 아버지나 어머니나 자녀나 가족을 더 사랑한다면 나에게 합당치 않다. 자기 십자가를 지고 따라오지 않는 자도 나에게 합당치 않다. 누구든지 자기 생명을 구하고자 하는 자는 잃을 것이요, 자기 생명과 삶을 나와 복음을 위하여 버리는 자는 영생을 얻을 것이다. 네가 너의 삶 전체를 하나님의 나라를 위해 바쳐야 만이 가능한 일이다. 이제 너는 내 말을 들을 것인지를 결정해야 한다. 네가 세상에 대한 욕심이 죽고 나에 대한 믿음만이 살았다는 결심을 하기까지는 이런 질문이 계속 너에게 있을 것이며 이것은 나의 일을 하는 데 큰 장애가 될 것이다. 네가 사람들의 인정을 받기 원한다면 결국 세상을 따라가게 될 것이다. 내 제자 중에서 다른 사람들의 허락을 받으려고 한 사람이 있느냐? 만일 그들이 그렇게 했다면 나를 따를 자가 몇이나 있겠느냐?"

"주님, 어떤 사람들은 제가 남편을 도와 교회 안에서 일을 하면 되지 왜 교회 밖으로 나가서 까지 다른 사람들을 도와야 하는지 이해하지 못하고 있어요."

"그 이유는 그들은 왜 내가 너를 불렀는지를 이해 못하기 때문이다."

"그럼 왜 그들에게 말씀해 주시지 않나요? 내가 일을 하라고 불렀노라고 한 말씀이면 족할 텐데..."

"내가 그들에게 말하지 않는 이유가 있다. 먼저 너는 아직도 내가 너를 어떻게 쓸지 모르고 있으니 한걸음씩 나와 걸어가며 완전히 나에게 의지하는 법을 배우는 중이며 너를 오해하는 이들은 시간이 흐른 후에야 알게 될 것이고 그것을 통해서 자신의 판단과 지혜가 아무 쓸모없음을 배우게 될 것이다."

"주님만을 의지할 수 있도록 저를 도와주세요."

예수님은 웃으면서 말씀하셨다.

"다른 사람들을 두려워 말라. 내가 너와 함께 하지 않느냐? 성령의 음성에 순종해라. 너의 순종을 통하여 주위의 사람들이 영적으로 성장할 것이다. 내가 그들에게 내가 살아있으며 그들을 돌본다는 것을 알게 할 것이다. 나의 불이 너와 네 주위의 사람들을 단련시킬 것이다. 나를 따라 오너라. 내가 너에게 보여줄 것이 많단다."

예수님을 따라 간 동네는 꽃이 만발한 아름다운 동네였다. 동네를 가로 지르는 시냇가에 사슴과 토끼들이 뛰어 다니고 사람들은 공원 볕좋은 곳에 앉아서 음식을 먹으며 담소를 즐기고 있었다.

집이 있는 곳으로 가까이 다가가보니 아름다운 대문에는 십자가 표시가 있는 집이 많았다. 예수님께서는 그런 표시가 되어있는 집의 문을 두드리셨다. 그러나 아무도 나오지 않았다

"나의 사랑하는 딸아, 이 동네에는 많은 사람들이 나를 알고 있다고 말하며 나를 믿는다고 말하지만 그들은 나를 제대로 모른다. 내 피 흘림으로 그 죄를 용서했다는 것도 믿지 않는다. 그러니 진정한 나의 제자가 아니다. 너의 할 일은 그들에게 구속의 사역을 전하며 그들의 병든 영혼을 고치도록 하는 것이다."

"예수님 말씀을 들으며 저도 환자를 찾기 위해 방을 들여다봤는데 아픈 사람이 없더라구요. 멀쩡한 그들에게 당신들은 약이 필요하다고 말하면 저를 비웃겠지요?"

예수님은 그녀를 슬픈 눈으로 바라보셨다.

"너의 눈이 아닌 나의 눈으로 보기를 원한다. 영적

인 눈으로 볼 수 있게 된다면 그들이 상처투성이란 걸 알게 될 것이다. 평안과 기쁨이 없는 헐벗은 마음을 가진 자들이지. 이 동네에는 내 구속의 사역을 의지하지 않고 자신의 선한 일들로 구원받을 수 있다고 믿는, 나의 잃어버린 양들이 많이 있다. 그들이 하는 일들이 아무리 선할지라도 그것이 믿음을 성장시키지 않는다면 그 모든 일들은 자기의 영광을 위해 하는 일들이 될 것이며 나에게 영광을 돌리지 않는 일은 결국 죄악에 이르게 될 것이다.”

동네 어귀의 풀밭에 앉아서 그녀는 지난날을 생각해 보았다.

“바로 제 모습이에요. 저는 혼자서 좋은 일을 한답시고 예수님께서 계속 문을 두드리시는데 문 열 생각도 하지 않고 끊임없이 뭔가를 하면서 생각처럼 결과가 만족스럽지 않아서 불평불만이 많았어요. 다른 사람들에게 제가 아닌 예수님을 만날 수 있도록 해줬어야 하는데 모든 걸 제가 알아서 하려니 가진 것은 없고, 텅 빈 마음을 가지고 노력만 했다는 걸 이제야 깨달았어요.”

“이 동네가 어떤 곳인지 이제 알겠느냐? 많은 일꾼들이 이 동네를 지나다가 세상의 유혹에 빠져서 나를 버리고 사명을 잊고 안주해 버렸다. 대부분의 사람들은 내가 해주는 인정보다 사람들의 반응과 칭찬에 민감하기 때문에 영적인 삶의 중요성을 잃어버린다. 마귀는 끊임없이 속삭이지. 보이지도 않고 세상이 알아주지도 않는 하늘나라의 일을 하는 것이 얼마나 미련한 일인지 알고 있느냐고. 그러면서 멸망의 길로 들어선다. 그러나 나의 충실한 일꾼들은 내 말에 순종하여 그런 영혼들을 다시 데려와서 나의 약으로 상처를 치유해주고 돌봐준단다. 내 말은 모든 것을 치유할 수 있는 약이다."

"매일 말씀을 읽으며 세상을 이겨 나갈 수 있는 힘을 주세요."

"나의 사랑하는 딸아, 너에게 보여줄 것이 또 있다. 따라오너라."

그 동네를 빠져나와 걷다보니 눈앞에는 검푸른 바닷가가 펼쳐져있었다. 낭만적인 푸른 바다와는 완연히 다른 두려움 가득한 바닷가였다.

수많은 사람들이 물에 빠져서 허우적거리고 있었고 몸짓을 할수록 깊은 바다로 빠지고 가라앉는 아비규환의 현장이었다. 사방은 비명소리와 절규로 가득찼다. 수영을 전혀 못하는 그녀의 손을 잡고 예수님은 물가로 데려가셨다.

"예수님! 저는 수영을 못해요."

"사랑하는 딸아, 두려워말고 내 손을 잡아라."

예수님의 말씀은 능력이셨다. 예수님의 손을 잡은 후 온몸의 힘을 빼고 한발을 내딛었다. 발이 수면 위에 붕 떠있는 느낌이었다. 마치 물위에 비닐이 덮인

듯이 출렁거리는 그 바다 위를 예수님과 함께 걷고 있었다. 물 위를 걸었던 베드로를 생각했다. 과연 자기의 능력이 아닌 믿음으로 가능한 일이었다.

바다위로 나가보니 교회같이 지어진 배들이 물위에 떠있었고 그 배 안에는 빛나는 옷을 입은 구조원들이 물에 빠진 사람들을 구하고 있었다. 어떤 구조원들은 물 위를 걸어 다니며 성령님의 지시를 받고 물에 빠진 사람들을 건져내고 있었다.

"자 이들을 보아라. 자기의 생명을 아끼지 않고 방황하며 죽어가는 이들을 구하여 영광스러운 하나님의 나라로 인도하고 있다. 나의 빛을 나타내는 자녀들이다."

예수님을 자랑스럽다는 눈으로 미소를 지으셨다. 놀라운 눈으로 바라보고 있던 그녀는 궁금한 것이 생겼다.

"유난히 옷이 빛나는 사람은 왜 그런거죠?"

"내 말에 순종하며 거룩한 삶을 살려고 노력하는 사람이다. 자신의 사명에 충실할수록 더욱 더 빛이 난다."

"부끄러운 제 삶을 용서해주세요. 이제부터는 제가 다른 사람들을 주님 앞으로 인도할 수 있도록 도와주세요."

"내가 너를 용서한단다. 네가 내 제자가 되려면 아직도 배워야 할 것이 많다."

예수님과 그녀는 물위에 떠 있는 또 하나의 배안으로 들어갔다. 겉모습은 교회였는데 안으로 들어 가보니 술집 같았다. 사람들이 모여서 세상 음악에 맞춰서 춤을 추고 있었는데 음악소리가 너무 커서 물위에서 지르는 사람들의 비명소리를 듣지 못했다.

"내가 왜 자기들을 불렀는지 망각하고 모여서 춤추고 먹고 마시느라 죽어가는 이들의 비명소리를 외면하는구나. 나의 부름을 받은 후에도 말씀을 읽고 영적인 훈련을 받지 않으면 구조작업을 할 맘이 생기지 않으며 결국엔 떠나가게 된다. 훈련을 거친 후에도 계속 나의 생명 구조 방법을 적은 책을 자기들의 마음에 새기고 계속 성령의 지시를 받지 않으면 세상의 영향을 받아서 마귀를 따르게 될 가능성이 높다. 물에 빠진 사람들을 구하는 것보다 세상의 향락은 더 달콤하고 그 길이 안락하기 때문이지. 마귀가 판치는 세상의 학문은 성경을 쓸모없는 책으로 생각하게 만들고 결국 먼지 가득한 선반위에 놓았다가 쓰레기통에 버리게 만든다. 말씀을 사랑하지 않고 내 능력을 믿지 않는 자에게 무엇을 배울 수 있겠느냐."

"예수님, 이제 퍼즐조각처럼 맞춰지고 있어요. 왜 제가 하는 일들이 열매 맺지 못하고 저는 항상 좌절하고 있었는지...저를 용서하세요."

"사랑하는 나의 딸아, 나는 너를 항상 용서 한단다. 내 말을 마음에 새기지 않는 자들은 거룩한 삶을 살 능력이 없다. 내 말은 사람들의 생각과 행동을 감찰하여 순종할 수 있도록 도와줄 수 있기 때문이다. 나는 아직도 나를 떠난 일꾼들을 포기하지 않았고 오늘도 그들의 마음의 문을 두드리고 있으며 성령님께서 다른 성도들을 통하여 그들의 마음을 나에게 향하게 하려고 노력하고 있다. 나는 오늘도 그들을 애타게 기다리고 있다."

"예수님, 저에게 성령님의 또렷한 음성을 듣고 순종할 수 있는 용기를 주세요."

"내 말을 듣는 자만이 성령님의 음성을 또렷이 들을 수 있다. 너는 아직도 많은 것을 배워야 한다. 이 세상에는 많은 시험과 어려움이 있기 때문이다. 나를 따라 오너라."

바다 위를 걸어서 몇 개의 크고 작은 배를 지나자 한 곳에서 아우성이 들려왔다. 한 구조원이 다른 사람들에게 쫓기다가 붙잡혀 매를 맞고 있었다. 몰매를 맞던 그가 쓰러지자 나머지 사람들은 매정하게 바다로 던져버리는 것이었다. 그러자 물위를 걷던 다른 구조원이 그를 건져내어 다른 배로 데려가서 정성스럽게 치료하고 돌보기 시작했다.

다친 그를 던졌던 그 배에서는 패를 갈라서 큰 싸움이 시작되었다. 부상당한 사람들과 한편인 사람들, 그리고 그를 다치게 한 무리들이 편을 갈라서 싸움을 시작한 것이다.

다툼으로 인하여 배는 뒤집어질 듯이 기우뚱거리고 심지어는 사람들이 바다에 빠졌지만 아무도 건져주지 않았다.

"저 곳이 정말 교회가 맞나요?"

"교회가 시험에 들지 않도록 기도해라. 교회 안에서 영적인 지도자를 공격하고 다치게 하는 것은 사단을 기쁘게 하는 것이다. 사단은 용서하지 못하는 마음, 분노와 경건하지 못한 행동을 하게 하는 씨앗을 사람들의 마음에 뿌려서 그것이 뿌리내리고 자라면 내 자녀들의 숨통을 막고 죽음에 이르게 할 수도 있다는 걸 잊지 말아라. 또 마귀는 그런 문제가 생길 때마다 기회를 타서 나의 아들, 딸들을 교회에서 떠나라고 권고를 해서 마음이 약한 많은 사람들이 나를 떠나 멸망의 길로 달려갔다. 스스로를 영적인 지도자라고 칭하는 자들도 조심해라. 분별의 지혜를 구해라. 내 이름을 이용해서 자신을 높이고 마귀를 위해 일하는 악한 자들이 있다. 분열과 불신을 조장하며 사단의 씨를 사방에 뿌리는 자들을 조심해라."

"아 그런 거군요. 예수님, 근데 그 다친 사람은 어떻게 될까요?"

"진정한 나의 일꾼들은 어려움을 겪을수록, 상처를 입을수록, 실망을 더 할수록, 그것을 통해 나를 의지하는 것을 배우게 된다. 성경의 말씀을 통해서 나의 치유의 능력을 체험한다면 그들은 전보다 더 능력 있는 구조원이 될 수 있단다. 나의 능력을 체험한 자만이 다른 사람들에게 그 능력을 체험할 수 있도록 할 수 있다. 나의 사랑하는 딸아, 이것을 기억하라. 모든 구조원들에게는 하늘나라에서의 상급이 기다리고 있다. 다른 사람들이 너를 이해하지 못하고 비난 할 때에도 실망하지 말아라. 나와 함께 걷는 이 길을 누구나 다 이해할 수는 없단다."

그녀는 예수님의 말씀을 들으며 눈물이 났다. 지난 날 자신의 생각과 행동이 기억났기 때문이다.

"아...예수님, 저를 용서하세요. 오랫동안 저는 이해할 수 없었어요. 하나님의 일을 하려는 사람들이 왜 가난과 고생이 될 것을 알면서도 그 길을 선택하고 가려하는지...진심으로 이해하거나 존경심을 가져본 적도 없었어요."

"언제나 그랬듯이 나는 너를 용서한다. 눈에 보이는 것이 더 중요하고 지금 당장의 이익이 중요하다고 생각되면 누구나 그렇게 생각하기 쉽다. 그러므로 네가 나의 일을 할 때 그런 대우를 받을 것을 각오해라. 아직도 너에게 보여줄 것이 많으니 서둘러라."

출렁거리는 바다 위를 걸어서 도착한 곳은 커다란 배였다. 엄청난 규모를 자랑하는 배였지만 불빛은 희미하고 어두운 곳이었다. 예수님과 실내로 들어가자 수많은 소경과 귀머거리들이 앉아서 차를 마시고 있었다. 그중에 앞을 보지 못하는 사람이 실수로 물에 빠져도 다들 보이지 않고 들을 수 없어서 도와주는 사람이 없었다.

"왜 이 배 안에는 소경들과 귀머거리들만 있나요?"

"사실 네가 보는 것은 그들의 영적인 상태이다. 누구든지 나의 말을 듣고 행동으로 옮기지 않는 자들은 소경과 귀머거리와 같단다. 많은 나의 자녀들이 천국을 믿으나, 지옥은 믿지 않을 때 그들은 다른 사람이 물에 빠져 죽어도 도와줄 줄을 모른다. 마귀가 내 말을 믿지 못하게 하려고 나의 말에 대한 불신을 조장하고, 나의 아들딸들이 자기들의 의견을 더 중요하게 여기도록 만들어서 내 말을 따르지 않고 물에 빠져 죽어가는 자들을 구원하지 못하게 한단다. 만약 지옥이 없었다면 왜 내가 십자가에서 죽으면서 까지 그들을 죄와 사망과 구원하려 했겠니?"

"예수님께서 저를 물에서 건져 내신 후에도 저는 다른 사람들도 물에 빠져 허우적거리며 죽어간다고는 생각 못했어요. 예수님을 믿지 않는 자들이 지옥 불에서 영원히 고통 받는다는 것을 까맣게 잊었어요. 용서하세요."

"내가 너를 용서한다. 이제 왜 너를 나의 일꾼으로 불렀는지를 이해하겠니?"

"수영도 못하는 제가 어떻게 해야 구조원이 될 수 있나요?"

"내가 가르쳐 주겠다. 수영뿐만 아니라 물 위를 걸

어 다닐 수 있는 법을 배워야 더 많은 사람들을 구조할 수 있단다."

"저 혼자 물 위를 걸을 수 있게 된다구요?"

"비결은 겸손이다. 물 위를 걸을 수 있는 나의 일꾼들은 그들의 마음이 성령님에 의해 변해서 겸손해져야만 한다. 성령님의 음성을 들을 수 있고 순종해야 물 위에 빠진 사람들을 구조할 수 있다. 네 힘이나 네 지혜를 의지하면 다른 사람들을 구조할 수 없다. 성령님께서 누구를, 언제, 어디서, 어떻게 구조해야 되는가를 가르쳐 주며 인도할 것이다. 그러나 교만에 빠지지 않도록 주의해라."

"겸손에 대해서 좀 더 말씀해주세요."

"너의 능력과 지혜가 아닌 나를 의지해라. 교만은 패망의 선봉이며 교만한 자들은 나를 찾지도 않고 볼 수도 없다. 겸손할 때 영의 눈이 열리고 나의 음성을 들을 수 있게 된다."

"예수님, 저는 한동안 스스로 믿음이 강한 줄 알고 또 영적으로 성장했다고 생각했어요. 그런데 알고 보니 예수님의 손을 놓고 멀리 떠나와서 제가 서 있는 곳이 어딘지, 예수님은 어디 계신지 알 수 없어서 혼란스러웠어요. 결국 교만한 마음 때문이었던 거죠. 겸손한 마음으로 살고 싶어요."

"겸손 하려면 성령님의 능력을 깨닫고 그 음성을 들으려고 노력해야 한다. 내 말은 영적인 힘을 주는 영혼의 양식이요, 사람들의 마음을 변화시킨다. 많은 나의 일꾼들이 자기들의 말로서 사람들의 마음을 바꾸었다고 믿는데 그것은 위험한 착각일 뿐이다. 내가 전한 생명의 말을 통해 성령님께서 사람들의 마음을 감화시키며, 회개하도록 도와주고, 죄를 깨닫게 하여 구원에 이르게 한단다. 나의 말은 성령의 검으로, 마귀와 싸워 이길 수 있는 능력이 있으므로, 죄에서 풀려나도록 도와주며 마귀의 모함을 이길 수 있는 힘을 준다. 안타깝게도 나의 자녀들은 내 말의 검으로 마귀와 싸우라고 했는데 오히려 자기들을 찌르고 다른 사람들을 찌르는데 잘못 사용할 때가 많다. 네가 겸손을 배우려면 모든 영광을 하나님께 돌려야 한다. 교만으로 죄를 짓게 될 때 마귀의 올무에 빠지고, 죄의 쇠사슬에 묶일 수 있다. 나의 많은 구조원들이 이런 죄에 빠지는 경우가 많다. 성령은 교만한 자와 일을 하지 않으므로 교만한 자는 다른 사람들을 구원할 지혜와 능력이 없다."

그러나 예수님의 말씀을 듣던 그녀의 얼굴빛은 조금 어두워졌다.

"예수님, 저는 다른 사람들을 하나님께 인도할 수 있는 기회가 많을수록 교만해지기 쉽고 또 겸손해지려고 생각하면 다른 사람보다는 그래도 제가 좀 낫다는 생각이 드니 도대체 가망이 없는 사람 같아서 부끄럽고 엄두가 나지 않아요."

"나의 사랑하는 딸아, 항상 나만 보면서 따라오너라. 누군가와 비교할 때 시험에 들고 교만에 빠지기 쉬운 법이다."

"예수님, 저는 아직도 어떻게 해야 겸손해질 수 있는지 모르겠어요."

"겸손이란 하나님의 뜻이 너의 뜻보다 낫다는 것을 인정하는 것이다. 겸손이란 하나님의 뜻을 이해하고 어려움과 환란과 고통이 올지라도 하나님께 순종하는 것이다. 겸손이란 하나님의 나라와 그의 의를 먼저 구하는 것이다. 내 손의 못자국을 보고 겸손을 배워라."

그녀는 손을 내밀어 예수님의 못자국을 어루만졌다. 눈물이 났다. 못질을 당할 때, 조롱당할 때, 손가락질을 당하고 피 흘릴 때에도 그 뜻에 순종하며 십자가에 어린 양처럼 매달리셨던 그 예수님의 마음을 생각하며 뜨거운 눈물을 흘렸다.

사랑하면 겸손해질 수 있다. 사랑하면 모든 고통을 이겨 낼 수 있고 어려움도 이겨낼 수 있는 것이다. 사랑하면 목숨도 내어 줄 수 있는 그 깊은 사랑을 느끼게 된 것이다. 그것은 겸손 없이는 불가능한 것이며 예수님께서는 먼저 그 사랑을 보여주셨고 제자들에게, 그녀에게 그런 사랑을 요구하고 계신 것이다.

"나의 일을 할 때 혼자라고 생각하지 말아라. 누군가 너를 위해 기도하고 있다. 자 가 볼 곳이 있다."

바닷가를 지나 어떤 한적한 동네로 가니 그곳에는

많은 교회들이 모여 있었다. 그 교회들의 지붕 위에 구름 같은 줄들이 하늘을 향해 뻗어져 있었다. 어떤 교회는 수없이 많은 줄들이 하늘을 향해 뻗어있었고 어떤 교회는 몇 가닥의 줄만 있을 뿐이었다.

"예수님, 저게 무슨 줄이에요?"

"나의 사랑하는 딸아, 저 줄들은 기도 줄이란다. 기도는 영적인 싸움을 이기도록 도와주며 마음의 더러움을 청소하게 도와준단다. 나의 충실한 일꾼들은 나의 말에 귀를 기울이고 순종하며 이 기도 줄을 많이 만들어가는 자 들이란다. 나는 그 기도 줄을 통해서 선물 보내는 일을 좋아한다. 아무도 상상하지 못하는 놀라운 선물들을 그 기도 줄을 통해 내려 보낸다는 것을 아는 사람이 많지 않은 것 같구나. 그 기도 줄을 사용하면 해결되는 일들을 자신들의 능력으로 하려니 다들 지치고 힘들어하는 거란다. 인간의 지혜와 능력으로선 내 일을 할 수 없다. 나의 지혜와 능력으로만 기적이 일어나고 영적인 부흥이 일어난다."

"저는 뭔가 필요한 게 있을 때만 기도하고 그나마도 구하지 않은 게 훨씬 많았어요."

"알고 있다. 안타까운 일이지. 나의 자녀들이 나에게 기도로 구하지 않는 이유는 내 능력을 믿지 않기 때문이다. 내가 나의 일꾼들에게 많은 사람을 구원할 수 있는 능력을 줄 수 있다는 것을 잘 모르기 때문이다. 네가 기도한 만큼 나의 능력을 체험할 수 있다는 것을 기억해라. 성령님의 음성을 듣기 위해서 기다리면서 기도하는 시간을 가지고 순종해라. 그렇지 않으면 열매를 맺는 생활을 할 수 없다. 나를 따라 오너라. 내가 무슨 말을 하는지 너에게 설명을 하겠다."

이번에 간 곳은 집이 많은 동네였다. 그 집들은 모두 하나의 방만 있었고 그 안에는 나무를 가꾸는 정원사가 살고 있었다. 달콤한 열매를 맺는 나무와 쓴 열매를 맺는 나무 두 종류가 있었는데 어떤 방에는 정원사가 달콤한 열매를 키울 때 옆에서 잘 자라도록 도와주는 사람이 있는가 하면 어떤 방에는 못생긴 짐승들이 계속 쓴 열매를 맺는 씨를 가져다주는 것이었다. 그 정원사들은 자신들이 가꾼 열매를 먹고 있었으므로 달콤한 열매를 가꾸는 자들은 맛있는 열매를 먹으며 건강해 보였다. 그러나 쓴 열매를 가꾸는 자들은 계속 구토와 병에 시달리고 있었다.

"예수님, 이해가 잘 가지 않아요."

"집은 각 사람의 마음을 나타내는 것이고 나무들은 마음에 담고 있는 것들을 나타낸다. 정원사를 도와주는 사람은 성령님이시고, 못생긴 짐승들은 마귀란다. 성령은 좋은 열매를 맺게 해주기 위해 도와주려고 하며, 마귀들은 어떻게 해서라도 사람들의 마음에 나쁜 씨를 뿌려 독 있는 열매를 맺게 한단다. 성령의 열매는 사랑과 믿음과 소망과 용서하는 마음과 각양의 좋은 것들로 가득차 있으며, 쓴 열매는 모든 악한 생각

98 / 예수님과 걷는 길

과 미움 분노와 불신앙과 불순종 등 나쁜 행동을 하게 하는 것이란다. 네가 마음에 무엇을 심는가 항상 주의해라. 마음에 심는 대로 거두는 것이다. 나쁜 씨를 심으면 심을수록 너의 마음은 불평과 불만과 원망과 잘못된 생각들로 가득 차게 되어 성령께서 원하시는 것을 할 수 없게 된다. 마음의 찌꺼기를 청산하려면 성경을 읽고 회개하고 용서해라. 너의 마음이 깨끗이 비워져 나의 생명의 말로 채워질 때 성령님께서 너를 인도하며 내가 원하는 것을 할 수 있도록 도와줄 것이다."

"예수님, 저는 이제야 왜 저에게 다른 사람을 용서하라고 하셨는지 알겠어요. 제가 용서하지 못할 때에 나쁜 씨를 마음에 심고 있다는 것을 알지 못했어요. 저에게 좋은 씨와 나쁜 씨를 알려주세요."

"예전에 네가 나를 버리고 세상을 사랑하여 넓은 멸망의 길로 달려가고 있을 때에 나의 사랑과 은혜가 너를 돌아서게 했다는 것을 이해하니?"

"용서하세요. 저의 교만이 제 귀를 막아서 예수님께서 큰 소리로 불러주시지 않았다면 도저히 돌아설 수 없었다는 것을 잊었어요. 제가 영적으로 성장하고 제가 스스로 하나님을 찾았으므로 멸망의 길에서 돌아설 수 있었다고 생각한 것이 잘못이에요. 저는 이제 제 자신의 판단조차도 믿을 수가 없다는 것을 배우고 있어요."

예수님은 다시 그녀에게 말씀하셨다.

"네가 잘 이해를 못하고 그랬다는 것을 알기에 용서한단다. 내가 너를 사랑하므로 너를 위해서 모든 것을 주겠다. 내 목숨까지도 너를 위해 주지 않았느냐?"

"오직 한분, 예수님만이 저를 위해 목숨을 내놓으시고 변함없이 사랑해주시는 분이세요."

"내 사랑하는 딸아, 내가 다시 너를 위해서 죽어야 한다면 다시 죽을 수도 있단다. 그만큼 너를 사랑한다."

"아니에요! 저는 이미 넘치는 은혜와 사랑을 받았어요. 예수님 덕분에 하늘나라로 갈 수 있게 되었는걸요."

펄쩍 뛰는 그녀에게 예수님은 웃으며 말씀하셨다.

"내가 너를 너무 사랑하기에 너를 위해서라면 다시 죽을 수도 있다는 말이란다. 나의 사랑하는 딸아, 너는 내 사랑을 받기에 충분한 아이란다. 나를 따라오너라. 너에게 보여줄 것이 있다."

예수님은 그녀를 작은 동네의 교회로 데려 가셨다. 예배에 참석하기 위해서 많은 사람들이 걸어오고 있었다. 그 중엔 빛나는 흰 옷을 입고 환하게 웃으며 사랑으로 아이들을 도와주며 부상당한 자들을 교회 안으로 인도하는 사람들이 있었다.

"저 빛나는 옷을 입은 자들은 나와 함께 걸으며 다른 이들을 돕는 귀한 자들이다. 세상 사람들은 그들을 모를지라도 나는 그들을 알고 있다. 저들이 바로 이 교회의 기둥이다."

교회로 들어서는 사람 중에는 더럽고 낡고 냄새나는 옷을 입은 이들도 있었다.

"교회에 나오는 모든 이들이 나의 사랑과 용서를 체험하여 회개하고 용서받은 이들이 아니란 것을 알아야 한다. 나의 용서를 체험한 자들은 구원의 표시로 깨끗한 흰 옷을 입는단다. 나의 피로 그들의 죄를 깨끗케 했기 때문이다. 나의 용서를 체험 못한 자들은 흰 옷을 입지 못한단다."

여러 종류의 사람이 예배를 드리러 들어오고 있는데 유난히 붕대를 감고 목발을 짚거나 휠체어를 탄 사람들이 많았다. 교회가 마치 병원처럼 느껴질 정도였다.

"왜 이곳에는 다친 사람이 이렇게 많아요?"

"그들을 위해서 기도해라. 가시밭을 걸으며 늑대의 공격을 받고 뱀에게 물리고 넘어져 실족한 자들이 많다. 그들이 고침을 받은 후에 다른 이들을 위해 일 할 수 있게 된다. 나의 말은 배고픈 자에게 영의 양식이요, 다친 자에게 약이요, 실망하고 절망한 자에게 소망의 길이요, 마음이 상한 자에게 기쁨과 평안을 주며 죽어가는 영혼을 되살아나게 하는 힘이 있단다. 이곳에 온 자들은 나의 잔치에 참석하러 온 것이다."

어떤 이들은 교회에 들어오는데 칼로 다른 사람을

2부/예수님과의 동행 / 101

치며 자신들도 상처를 내서 피가 흐르고 있었다.

"나의 말을, 마귀와 싸우며 영혼을 소생시키는 생명의 검으로 쓰지 않고 자신과 다른 사람들을 비판하는데 사용하면 저렇게 다치게 된다."

어떤 이들은 등 뒤에 큰 짐을 졌는데 마귀가 그 짐 위에 앉아서 사람들과 이야기를 나누고 있었다.

"아직도 나의 용서를 알지 못하고 구속의 사역을 이해 못하는 사람들은 무거운 큰 짐을 지고 마귀의 말을 쫓고 있다. 나의 부름에도 자신의 죄에 발이 묶여서 내 용서를 받아들이지 못하고 본인이 의인이 아니라는 핑계로 계속 사명을 저버리려 한단다. 내가 그들을 부른 것은 의인이어서가 아니라 내 보혈의 능력으로 그 죄를 사하고 그 후에 다른 이들도 그 자유함을 얻게 하려 함이다. 마귀는 내가 누구를 불렀는가를 알기 때문에 더욱 더 그들을 실망시켜서 일을 하지 못하게 하려고 한단다. 나의 용서를 믿고 성경의 말씀과 성령의 힘으로 마음과 삶에 변화를 받은 자들은 내 일꾼이 될 수 있다. 나는 나를 믿고 영적인 부흥을 위해서 기도하며 그것을 위해 삶 전체를 드릴 수 있는 자를 찾고 있다."

"예수님, 저도 마귀를 이기고 승리하는 삶을 살 수 있을까요? 그렇게 되면 제 맘속에도 영적인 부흥이 올 수 있을까요?"

"마귀는 실제로 존재한다. 주린 사자와 같이 너희

영혼을 노리고 있다. 그 존재를 몰라서 억눌리고 먹잇감이 되어서 평생을 고통 속에 시달리며 마음을 평안을 빼앗기는 자가 실로 많다. 오직 나의 말의 검과 성령님의 도우심만이 마귀를 물리치고 자유를 얻을 수 있게 할 수 있음을 기억해라. 계속 성경을 읽고, 묵상하며, 성령님의 음성을 따르고, 내 이름으로 마귀를 물리쳐라. 그리하면, 네가 내 안에 거할 것이고, 내가 네 안에 거하므로, 다른 사람들이 너를 통해서 나를 만날 수 있는 기회가 될 것이다. 성령의 갑옷을 온 몸에 두르고 마귀와 대적하여 싸워 이겨라. 나의 능력은 네가 나를 얼마나 의지하느냐에 따라서 너를 통하여 나타날 것이다. 너의 영적인 부흥은 네가 나를 얼마나 아느냐에 달려있다."

일단 교회 안에 들어 온 사람들은 조그만 주머니를 하나씩 가지고 있었고 그 안에 있는 과일들을 서로 나누어 먹었다. 그 열매는 달콤한 것과 쓴 것 두 종류였다. 예수님은 또 말씀하셨다.

"교회의 부흥은 교인들이 어떤 과일을 서로 나눠먹느냐에 달려있다. 치유와 용서, 사랑의 열매를 나눠먹는지, 아니면 미움과 분열 시기 질투의 쓴 열매를 나눠먹고 병에 걸리게 하는지에 달려 있단다. 나의 사랑하는 딸아, 내가 너를 왜 내 일을 하라고 부르는지 이해하겠느냐?"

"제 힘으로는 절대 할 수 없는 일이었어요. 오직 예

수님의 능력으로만 가능한 일이군요."

"너의 지혜와 힘만으로 나의 일을 하려다간 상처만 받고 쓰러질 것이다. 네가 말씀과 성령님의 힘을 의지하고, 기도로 무장하고 나를 따라올 때, 많은 사람들을 나에게 인도할 수 있다."

"예수님, 무슨 일부터 어떻게 시작해야 할지 모르겠어요."

"길 잃은 한 마리 양을 찾는 일부터 시작해라. 일이 너무 벅차다고 생각된다면 그것은 네가 네 힘으로 하려고 한다는 것을 깨달아라. 네 힘으로 되는 일은 하나도 없으니 그런 느낌이 들 때 나의 지혜와 능력을 구하며 기도하라. 그렇지 않으면 실망으로 쓰러질 것이다. 나의 아버지께 죽어가는 영혼을 긍휼히 여기는 마음과 사랑을 달라고 간구해라. 많은 영혼을 구원할 수 있는 기회와 환경을 열어달라고 기도해라. 내 아버지께서 네가 나를 아는 만큼만 다른 사람들이 나를 알게 도울 수 있다. 나를 따라 오너라. 너에게 보여줄 것이 있다."

예수님은 단풍이 우거진 아름다운 숲으로 데려가셨다. 그녀는 그 아름다움에 도취되어 숲으로 뛰어 들어갔다가 그 모든 나무가 조화인 것을 보고 깜짝 놀랐다.

"어머 이 나무들이 진짜가 아니었네요? 그런데도 저는 이 아름다움이 온 몸에 전해져서 그 매력에 빠졌어요. 어떻게 그럴 수가 있죠?"

"얘야, 이 세상에는 마음을 빼앗길 만큼 아름다운 유혹들이 많이 존재한단다. 사랑하는 사람들, 인간의 지식, 돈이나 명예등 여러 가지 형태로 존재하지. 그러나 너의 마음을 그것들로 채우면, 네 마음에 내가 있을 자리가 없다. 너의 마음을 무엇으로 채우든지 그것이 너의 우상이 되어 버린다. 너의 마음을 사로잡는 것이 한 가지라도 나 외에 있다면 너는 그것을 조심해야만 한다."

"예수님, 지금 이 순간 제가 무엇을 조심해야 하는지요?"

"나의 사랑하는 딸아, 내가 너에게 다른 사람들의 영적인 상태를 알려줄 때는 그들을 위해서 기도해 주고 그리스도의 몸을 위해 일하라고 준 것이 아니냐? 그러나 네가 그 은사를 옳게 사용하지 않고 네 자신이 영적으로 성장했다고 교만해진다면 그것은 너에게 영광을 돌리기 위해서 하는 행동이란다. 모든 영광은 나에게 속해 있다. 네가 자신감에 넘쳐 교만에 빠질 때, 그때를 조심해라."

"주님, 용서하세요. 제가 잘못하고 있었다는 것도 몰랐어요."

"내가 너를 용서한다. 이 세상의 모든 아름다움은 다 헛되게 지나갈 것이다. 이 세상의 아름다움을 하늘나라의 아름다움을 비교하는 것은 조화를 생화에 비교하는 것과 같다. 아름다움도 내가 준다는 것을 잊지 말라."

"예수님, 요즘 저는 영적으로 성장한 다른 기독교 인들의 지혜에 대해서 아름다움을 느껴요."

"그것 또한 너는 조심해야 한다. 영적으로 성장한 다른 사람들에게 배워야 하지만 그래도 나보다 그들에게 더 집중하고 찬사를 보낼 때 너는 또 깊은 오류에 빠질 수 있다. 나와 같이 걸을 때만이 성령님의 가르침을 배울 수 있다. 나를 따라 오너라. 내가 너에게 또 보여줄 것이 있다."

이번에 간 곳은 하나님의 동산이었다. 그 곳에서 느낀 아름다움은 지금까지 단 한 번도 경험해보지 못한 완벽한 아름다움이었다. 그 곳에 있는 동안 주님에 대해 배우고 찬양하는 그 기쁨은 단 한시도 떠나고 싶지 않은 엄청난 것이었다. 영원히 그 곳에 머물고 싶은 마음으로 가득 차서 다른 생각은 아무것도 할 겨를이 없었다. 기도하며 찬양하는 그 시간이 그토록 큰 행복을 갖다 주는지 처음 알게 되었다.

"사랑하는 나의 딸아, 이제 내려오렴, 나는 배고픈 사람들에게 빵과 물을 주라고 너를 불렀다."

이미 동산을 내려가신 예수님께서 부르시는 소리가 들렸다.

"하나님의 보좌 앞에 나가서 배우는 목적은 다른 사람들을 가르쳐야 할 의무가 있기 때문이다. 너만 잔치에 참석하고 다른 사람들에게 음식을 가져다주지 않으면 너는 성장할 수 없다. 너의 간증은 내가 너를 어떻게 도왔는지를 증거하는 것이란다. 이제는 나가서 다른 사람들에게 내가 너를 어떻게 구원하고 치유해주었는지 이야기할 때이다. 네가 무엇을 원하든지 나에게 구하라."

"예수님! 이제는 주님 뜻대로만 살겠어요. 저를 지으신 목적대로 사용해주세요. 지금은 좀 더 예수님과 함께 있으면서 그 사랑을 이해하고 능력을 더 체험하고 싶어요."

"따라오너라."

그녀가 예수님을 따라 다다른 곳은 아주 큰 병원 앞이었다. 고통을 이기지 못하는 비명소리와 부상자들의 신음소리가 건물 밖으로 전해졌다.

그중 어린 소녀 하나가 팔이 잘린 채로 부상자들 가운데에 피를 흘리고 있었다. 비명을 지르며 엄마를 애타게 찾는데도 아무도 도와주는 사람이 없었다.

그 큰 병원에 몇 명의 의사와 간호사만이 눈에 띄었고 그들은 너무 많은 부상자들 때문인지 어린 소녀를 돌보지 못했다.

그녀는 울먹이며 예수님께 물었다.

"주님, 왜 저들이 저 소녀를 돌보지 않나요?"

예수님의 눈에서도 눈물이 흐르고 있었다.

"나의 사랑하는 딸아, 세상에는 지금 이 시간에도

수많은 영혼들이 저렇게 눈물을 흘리며 고통 속에 살고 있단다. 추수할 곡식은 많은데 일꾼이 적구나. 네가 저렇게 팔을 다쳐서 고생하고 눈물 흘렸던 것을 기억하니?"

예수님은 그녀의 손을 놓으시고 말씀하셨다.

"너의 오른팔을 자세히 보렴. 네가 항상 나를 잡고 있는 그 손을 보아라."

그녀는 자신의 팔을 살펴보다가 오른쪽 어깨 가까운 부분에서 상처를 발견했다. 잘려진 후 오래 전에 붙인 것 같은 흔적이 남아있었다.

"예수님, 제 팔이 언제 잘렸었죠?"

"나의 사랑하는 딸아, 그 흉터는 네 마음의 상처란다. 아까 피 흘리던 어린 소녀처럼 한 팔이 없이 고통을 당하고 있었다. 그러나 내가 너를 고쳐주었고 이제는 내 손을 붙잡고 걸을 수 있게 되었단다."

"그러셨군요. 정말 감사해요. 저를 얼마나 사랑하시는지 날마다 깨달아요. 그럼 제가 본 여자 아이는 혹시...저였나요?"

"그렇단다. 내가 너를 사랑의 팔로 그 병원에서 안고 나와서 너에게 새 팔을 주고 고쳐주었단다. 너무 큰 아픔을 느끼고 있었기에 내가 언제 도와주었는지도 몰랐던 거야. 이제 왜 다른 사람들이 나의 도움이 필요한지 이해하겠니?"

그녀는 지금 이 시간에도 수많은 사람들이 상처를

입고, 눈물을 흘리며, 도움의 손길을 찾고 있다는 것을 이해하게 되었다. 그녀가 예수님을 따라서 죽어가는 영혼들에게 예수님께서 생명의 복음을 전하여 아픈 상처를 치유하는 길을 선택하기로 한 것은 정말 잘한 일이라고 생각했다.

"내가 너에게 하늘나라에 도착하기 전에 할 일이 많다고 한 것을 기억하니?"

"예, 기억하고 있어요."

"오늘도 내가 찾고 있는 사람들이 있다. 나의 능력을 사용하여 다른 사람들을 나에게로 인도할 수 있는 사람들이다. 근데 그들은 댓가를 치러야만 한단다."

"댓가를요?"

그 순간에 한 남자가 커다란 무를 보여주며 그녀에게 말을 걸었다.

"무가 얼마나 비싼지, 하나에 1,400불이나 해요."

그녀는 예수님의 대답도 듣기 전에 그 남자의 말을 듣자마자 무를 많이 심으면 돈을 많이 벌 수 있다는 생각이 들었다. 예수님과 나누던 대화는 까맣게 잊고 어느새 추수할 곡식으로 황금물결을 이루고 있는 끝없이 넓은 들에 혼자 있었다.

'이렇게 큰 들에 무를 심으면 엄청난 돈을 벌 수 있을 텐데…' 그러나 지금은 무씨를 뿌리는 시기가 아니었다. 추수 때였던 것이다. 그녀의 마음이 갈등으로 엇갈리고 있을 때 누군가의 발걸음소리가 들렸다.

예수님이셨다. 그제서야 자신이 어디에 서있는지 보게 되었고 질문했다.

"예수님, 제가 왜 이 곳에 서있는 거죠?"

"내가 전에 너에게 감옥 선교를 하라고 말한 것을 기억하니?"

예수님은 자상한 눈으로 그녀를 바라보셨다.

"예, 기억하고 있어요." 소녀가 대답했다. 그러나 그녀는 공부에 재미를 붙여서 선교 생각은 깜빡 잊고 있었다. 학교를 졸업한후 하면 되겠다는 막연한 생각을 하고 있었다.

"나의 사랑하는 딸아, 들의 곡식들이 추수할 때가 되었다는 것을 내가 너에게 보여준 이유는 감옥 선교가 추수할 때가 되었음을 너에게 알려주기 위함이다. 네가 씨를 뿌리지도 않았고, 수고하여 길쌈을 하지도 않았는데, 내가 그곳에서 추수할 수 있도록 너를 추수꾼으로 보내는 것이란다. 네가 많은 사람들을 하나님께 돌아오게 하려면 그 댓가를 지불해야 한단다. 그 댓가는 내가 너를 어디로 보내든지 가라는 것이다. 감옥에서 간증할 수 있는 기회를 만들어서 간증을 해라. 내가 너와 같이 갈 터이니, 아무 염려 말고 가거라. 내가 너에게 기적을 보이며 그들의 마음의 문을 열고 그들을 구원할 것이다."

그녀는 이제 예수님께서 그녀에게서 무엇을 원하시는지를 이해했다. 이제까지 예수님은 한 번도 그녀를 실망시키거나 잘못된 일을 하라고 하신 적이 없었다. 그녀는 예수님께 순종하면 열매 맺는 삶을 살 수 있다는 것도 알았다.

가장 큰 영적인 부흥을 위해서 하나님께서 예수님을 증거 할 수 있는 많은 기회를 그녀에게 열어주시고 그 희생과 순종의 댓가를 치를 수 있는 믿음을 요구하신 것이다.

"두려워하지 말라. 내가 너와 함께 한다. 나의 사랑하는 딸아, 네가 나를 사랑하느냐?"

"사랑해요. 예수님보다 소중한 분은 없어요."

"그렇다면 가서 길 잃은 양을 찾아서 도와라. 내가 그들을 위해 십자가에 죽음으로써 그들의 죄를 다 용서하였고 나의 아버지께서 용서하셨다는 것을 알려주어라. 그들이 회개하면 용서함을 얻고 마귀에게서 자유 함을 얻은 후에 어둠의 나라에서 빛의 나라로 돌아올 수 있게 인도해라. 내가 너를 사랑하는 것과 같이 너도 그들을 사랑해라. 네가 나를 사랑으로 대하는 것 같이 그들을 대우해라."

그녀는 주님과 함께 걷는 길에는 결코 정죄함이 없고 오직 용서와 사랑이 있음을 배웠다. 결단을 하고 걷기 시작한 그 길은 결코 평탄하거나 만만하지 않았다. 많은 위험과 눈물이 기다리고 있었으며 왜 이런 길을 걸어야 하냐며 물을 때마다 예수님께서는 더한 고통을 받으면서도 묵묵히 그 길을 걷고 있는 믿음의

2부/예수님과의 동행 / 111

선배들과 못자국 난 손바닥을 보여 주셨다.

예수님께서 십자가에서 죽으신 그 큰 사랑 때문에 가시밭길을 걷고 상처받은 사람도 고침을 얻으며 이들이 예수님과 함께 걸을 때 이 완전하지 못한 세상과 환경 속에서도 감당하며 살아갈 수 있는 능력과 지혜를 주신다는 것을 배웠다.

그녀는 이미 자신이 그 길을 걸어왔고 상처를 경험했기에 같은 고통을 받은 사람들의 마음을 누구보다도 잘 이해 할 수 있었고 하나님께서 하시는 모든 훈련은 단 하나도 헛된 것이 없음을 깨닫게 되었다.

이제 그녀는 더 이상 혼자가 아니었다. 예수님을 따라가면서 성령님의 음성을 따르면 예수님은 그녀와 같이 잃어버린 어린 양을 찾으러 나가신다. 그리고 예수님은 그 양을 찾으신 후에 가슴에 안으시고 사랑으로서 상처를 치유하실 것이다.

이 세상 순례가 끝나는 날, 그녀가 천국에 도착했을 때 주님께서 익숙한 그 미소로 품안에 안아주실 것을 그녀는 알고 있었다. 그 때 그녀는 예수님의 발 앞에 엎드려 경배하며 예수님의 오른 발목을 꼭 잡고 세상에서 그 어려운 삶을 살아갈 때 그녀를 안전하게 사랑으로 보호하시며 감옥 선교를 하도록 인도하신 것에 대해 감사할 것이다.

"한 알의 밀알이 땅에 떨어져서 그대로 있으면 아무 열매도 맺지 못하나 죽으면 많은 열매를 맺는다.

희생 없이는 얻는 것이 없다. 눈물을 흘리고 씨 뿌리는 자는 기쁨으로 거둘 것이다."

"주님의 나라를 위해 죽도록 충성할 수 있는 사랑과 믿음을 갖게 도와주세요. 제 맘에 영적인 부흥이 일어나게 하시고 저를 본 다른 이들도 주님의 음성을 들으며 주님에 대한 사랑이 불같이 타오르게 도와 주셔요."

예수님의 얼굴은 기쁨으로 환하게 빛났다.

"나의 사랑하는 딸아, 내가 너를 사랑한다. 가서 길 잃은 어린 양을 찾아서 내 아버지가 있는 영생의 나라로 인도하자."

보혈로 그녀의 죄를 대속하신 예수님의 사랑을 생각하면 이제 더 이상 그녀의 삶은 그녀의 것이 아님을 느낀다. 예수님과 함께 걸어가는 길은 영원히 변치 않는 그 사랑의 음성을 들을 수 있기에 그녀는 오늘도 찬송을 부르며 기쁨으로 길 잃은 어린 양을 찾으러 따라가고 있다.

부록

초대

<예수님을 영접하기 원하시는 분들을 위하여>

여러분의 마음에 삶은 너무 어렵고, 고통스러우며, 무의미하다는 생각을 해보셨습니까?

사실 인간의 삶이 그렇습니다. 우리가 예수님을 마음에 영접하고 그 분의 사랑을 이해하며 하나님께 용서를 받고 주님을 위해서 살려고 하기 전까지는 우리의 마음에 참된 평안이나 기쁨을 맛볼 수가 없습니다. 예수님을 믿고 그분의 사랑을 맛보고 어려운 삶 가운데에서도 하나님을 위해서 복음을 전하는 사람이 되라고 권고하고 싶습니다.

예수님께서는 우리를 위해서 십자가에 죽으시고 부활하셔서 우리를 위해 기도하고 계십니다. 예수님을 아직도 영접하지 않으셨다면 이 시간에 기도로 그 분을 영접하시고 구원을 받으십시오.

"예수님, 나는 죄인입니다. 주님을 이 시간 영접하기 원합니다. 나에게 오셔서 나의 모든 죄를 용서하시고 나의 삶을 주도하시고 성령님의 인도하심으로 복음을 전할 수 있는 주님의 제자가 되기 원합니다. 내 마음의 모든 상처도 치유해 주시고 주님의 평안과 기쁨을 나에게 주시옵소서. 예수님의 이름으로 기도 드립니다. 아멘."

교회를 안 다니신다면 성경을 잘 가르치고 믿음의 성도들과 교제할 수 있는 교회를 찾으시길 바랍니다.

성경을 매일 읽으시고 기도하시며 주님을 알려고 노력 하십시오. 어떤 성경을 읽어야 좋을지 모르신다면 신약 복음서를 읽고 예수님이 누구신가를 배우시기 바랍니다. 예수님의 사랑을 이해하고 더 가까운 관계를 가지시려면 그 분을 성경을 통해서 아는 것이 매우 중요합니다.

마음이 아프실 때 예수님께 상처를 치유해 달라고 기도하시고 또 어려움이 있을 때 찬송을 부르며 주님의 위로를 받으시어 삶에 승리하는 분이되기를 기도합니다.

이 세상은 험하고 어려워도 주님께서 도와주시면 승리하시는 삶을 살 수 있습니다. 믿음으로 승리하시기를 바라며 주님 만날 때까지 의미 없는 삶을 사는 것이 아니라 이제는 주님을 사랑하는 것을 배워야 되겠다는 것과 주님을 위해서 살고 열매 맺는 삶을 살아야겠다는 목표를 가지고 사시기를 바랍니다. 영적성장을 위해서 기도 하시기를 바랍니다.

"예수님, 나에게 주님의 지혜를 주셔서 성경을 이해할 수 있게 해주시고 나의 마음에 용서 못한 사람이 있다면 다 용서할 수 있도록 당신의 사랑을 나의 마음에 부어주세요. 또 삶을 어떻게 살아야 하나님께 영광 돌릴 수 있는지도 가르쳐 주시고 나에게 주님을 가르쳐 줄 수 있는 교회와 나에게 예수님을 가르쳐 줄 수 있는 성도님들도 만날 수 있게 도와주옵소서. 주님께서 나의 죄를 위하여 십자가에 돌아가신 사랑도 더 알 수 있도록 내 마음의 문을 열어주시고 성령님께서 저의 하루하루를 인도하셔서 주님께서 주신 삶을 하나님의 영광을 위해서 살 수 있게 도와주세요.”

"하나님이 세상을 이처럼 사랑하사 독생자를 주셨으니 이는 그를 믿는 자마다 멸망하지 않고 영생을 얻게 하려 하심이라” (요한복음 3:16). “영접하는 자 곧 그 이름을 믿는 자들에게는 하나님의 자녀가 되는 권세를 주셨으니” (요한복음 1:12).

"너희는 마음에 근심하지 말라. 하나님을 믿으니 또 나를 믿으라. 내 아버지 집에 거할 곳이 많도다. 그렇지 않으면 너희에게 일렀으리라. 내가 너희를 위하여 거처를 예비하러 가노니, 가서 너희를 위하여 거처를 예비하면 내가 다시 와서 너희를 내게로 영접하여 나 있는 곳에 너희도 있게 하리라. 내가 어디로 가는지 그 길을 너희가 아느니라. 도마가 이르되 주여 주께서 어디로 가시는지 우리가 알지 못하거늘 그 길을 어찌 알겠사옵나이까. 예수께서 이르시되 내가 곧 길이요 진리요 생명이니 나로 말미암지 않고는 아버지께로 올 자가 없느니라” (요한 14:1~6).

"그러므로 이제 그리스도 예수 안에 있는 자에게는 결코 정죄함이 없나니 이는 그리스도 예수 안에 있는 생명의 성령의 법이 죄와 사망의 법에서 너를 해방하였음이라" (로마서 8:1).

"우리는 그리스도 안에서 그의 은혜의 풍성함을 따라 그의 피로 말미암아 속량 곧 죄 사함을 받았느니라" (에베소서 1:7).

"여호와께서 말씀하시되 오라 우리가 서로 변론하자. 너희의 죄가 주홍 같을지라도 눈과 같이 희어질 것이요. 진홍같이 붉을지라도 양털 같이 희게 되리라" (이사야 1:18).

"그런즉 이 일에 대하여 우리가 무슨 말 하리요. 만일 하나님이 우리를 위하시면 누가 우리를 대적하리요. 자기 아들을 아끼지 아니하시고 우리 모든 사람을 위하여 내주신 이가 어찌 그 아들과 함께 모든 것을 우리에게 주시지 아니하겠느냐" (로마서 8:31~32).

"그런즉 너희는 먼저 그의 나라와 그의 의를 구하라 그리하면 이 모든 것을 너희에게 더하시리라" (마태복음 6:33).

저자소개

-이영회-

(Yong Hui V. McDonald also known as Vescinda McDonald)

- 수원장로교 신학교 졸업 (1979년)
- Multnomah University, Portland, Oregon 졸업 (1984년 못노마 대학, 오레건주 석사학위 이수)
- Iliff School of Theology, Denver, Colorado, Master of Divinity 졸업 (2002년 아일맆 미 연합 감리교 신학대학원, 학사 학위 이수)
- Denver Women's Correctional Facility Intern Chaplain (2000~2001년) (덴버 여자 감옥 목회자 인턴쉽)
- Iliff Student Senate and Prison Ministry Coordinator (1999년~2002년) (사회활동 위원회에서 활동하였으며, 감옥 선교를 시작함)
- Smoky Hill United Methodist Church (2001년~2002년) (한인 연합감리교회 목사 인턴쉽)
- Memorial Hospital, Colorado Springs, Colorado, Chaplain Intern Ship (2002년) (병원 목사 인턴쉽)
- St. Joseph Hospital, Denver, Colorado (2002년~ 병원에서 목사로 현재까지 일하고 있음)
- Adams County Detention Facility Chaplain, Brighton, Colorado (2003~현재 아담스 카운티 교도소에서 목사로서 현재까지 일하고 있음)

- 2005년 감옥 문서 선교 비영리 단체를 창시함. 변화 프로젝트 (Transformation Project Prison Ministry)를 시작하여 10만권도 넘는 책들과 비디오 들이 감옥과 노숙자들에게 미국 전국적으로 목사들을 통해서 무료로 보급되고 있다. 아담스 카운티 교도소 수감자들의 신앙 간증을 엮은 책이 영어로 6권, 스페 인어로 2권이 출판 되었고, 비디오 영화가 4편이 제작 되었다. 홈페이지: www.maximumsaints.org

- 2010년 남편이 교통사고로 하늘나라로 간 후 하나님 의 치유를 경험하고 상처 받고 슬퍼하는 사람들의 영 적, 정신적인 치유를 돕는 문서 선교 (Griefpathway Ventures LLC)를 시작해서 책을 영어와 스페인어 또 한국어로 출판이 되었다.
  홈페이지: www.griefpathway.com

- 2011년 군인들이 전쟁의 충격과 하나님의 치유하 신 신앙 간증서를 발행하는 재향 군인회 (Veterans Twofish Foundation)라는 비영리 단체를 시작함. 군인들과 군인 가족들의 신앙 간증책을 출판하여 군인 목사들을 통하여 무료로 보급되고 있다. 2012년 네 권의 책이 출판이 되었다.
  홈페이지: www.veteranstwofish.org

About The Author

Yong Hui V. McDonald, also known as Vescinda McDonald, is a chaplain at Adams County Detention Facility (ACDF) in Brighton, Colorado. She is a certified American Correctional Chaplain, spiritual director and on-call hospital chaplain.

She is the founder of the following:
- Transformation Project Prison Ministry (TPPM), a 501(c)(3) non-profit, in 2005. TPPM produces Maximum Saints books and DVDs of ACDF saints stories of transformation and they are distributed freely to prisons, and homeless shelters.
- GriefPathway Ventures LLC, in 2010, to produce books, DVDs, and audio books to help others to process grief and healing.
- Veterans Twofish Foundation, a 501(c)(3) non-profit, in 2011, to reach out to produce books written by veterans and veterans' families to reach out to other veterans and their families.

Education:

- Suwon Presbyterian Seminary, Christian Education (1976~1979)
- Multnomah University, B.A.B.E. (1980~1984)
- Iliff School of Theology, Master of Divinity (1999~2002)

Books and Audio Books by Yong Hui:

- *Journey With Jesus, Visions, Dreams, Meditations & Reflections*
- *Dancing in the Sky, A Story of Hope for Grieving Hearts*
- *Twisted Logic, The Shadow of Suicide*
- *Twisted Logic, The Window of Depression*
- *Dreams & Interpretations, Healing from Nightmares*
- *I Was The Mountain, In Search of Faith & Revival*
- *The Ultimate Parenting Guide, How to Enjoy Peaceful Parenting and Joyful Children*
- *Prisoners Victory Parade, Extraordinary Stories of Maximum Saints & Former Prisoners*

- *Four Voices, How They Affect Our Mind: How to Overcome Self-Destructive Voices and Hear the Nurturing Voice of God*
- *Tornadoes, Grief, Loss, Trauma, and PTSD: Tornadoes, Lessons and Teachings—The TLT Model for Healing*
- *Prayer and Meditations, 12 Prayer Projects for Spiritual Growth and Healing*
- *Invisible Counselor, Amazing Stories of the Holy Spirit*
- *Tornadoes of Accidents, Finding Peace in Tragic Accidents*
- *Tornadoes of Spiritual Warfare, How to Recognize & Defend Yourself From Negative Forces*
- Complied and published *Tornadoes of War, Inspirational Stories of Veterans and Veteran's Families* under the Veterans Twofish Foundation.
- Compiled and published five *Maximum Saints* books under the Transformation Project Prison Ministry.

DVDs produced:

- *Dancing in The Sky, Mismatched Shoes*
- *Tears of The Dragonfly, Suicide and Suicide Prevention (Audio CD* is also available*)*

Spanish books:

- *Twisted Logic, The Shadow of Suicide*
- *Journey With Jesus, Visions, Dreams, Meditations and Reflections*

Korean books (한국어로 번역된 책들):

- ≪예수님과 걷는 길, 비전, 꿈, 묵상과 회상≫
  (*Journey With Jesus, Visions, Dreams, Meditations & Reflections*)
- ≪치유, 사랑하는 이들을 잃은 사람들을 위하여≫
  (*Dancing in the Sky, A Story of Hope for Grieving Hearts*)
- ≪꿈과 해석, 악몽으로부터 치유를 위하여≫
  (*Dreams & Interpretations, Healing from Nightmares*)
- ≪나는 산이었다, 믿음과 영적 부흥을 찾아서≫
  (*I Was The Mountain, In Search of Faith & Revival*)

Made in the USA
Charleston, SC
06 February 2013